NEUE MÄNNER BRAUCHT DAS LAND

Heinz-Christian Strache
im Gespräch mit Andreas Mölzer

Neue Männer
braucht das Land

Heinz-Christian Strache
im Gespräch mit
Andreas Mölzer

Die Edition

7

„Zur Zeit"-Edition, Band 7

ISBN 3-900052-09-3
ISBN 987-3-900052-09-6
© 2006 W3 Verlagsges. m. b. H., 1030 Wien
Satz/Umschlag: Ecotext-Verlag, Mag. G. Schneeweiß-Arnold-stein, 1010 Wien
Druck: KO&KA GmbH, Preßburg/Bratislava (SK)

Inhaltsverzeichnis

Inhaltsverzeichnis

KAPITEL VIII

Neue Wege suchen 133

Inhaltsverzeichnis

KAPITEL IX

Lebensläufe

KAPITEL X

Bildteil

I. Kindheit und Familie

Regionale Wurzeln in Wien

Mölzer: Heinz-Christian Strache, der Herausforderer der österreichischen Innenpolitik, der Oppositionsführer im kommenden Nationalrat. Ein guter Mittdreißiger, ein junger Politiker in der österreichischen politischen Landschaft. Ein Politiker, von dem viele Menschen auch noch nicht wissen, woher er kommt, wer er im Inneren wirklich ist. Ein Politiker, den man von seinen medialen Stellungnahmen kennt, von seinem Auftreten bei Veranstaltungen, bei Tagungen, auch in den Medien, bei dem man sich aber fragt: Wie wird man dieser Mensch, wie entwickelte sich dieser Mensch Heinz-Christian Strache zu dem, was er heute ist. Wo liegen Deine Wurzeln?

Strache: Meine Wurzeln liegen regional gesehen in Erdberg in Wien, wo ich aufgewachsen bin. Dort habe ich bei meiner Mutter eine schöne und behütete Kindheit erlebte. Meine Eltern haben sich sehr früh scheiden lassen, und mein Vater verließ meine Mutter in meinem dritten Lebensjahr. Meine Mutter hat dann als Alleinerzieherin für mich aufkommen müssen und das in einer wirklich aufopferungsvollen Art und Weise getan. Deshalb ist meine Mutter immer auch ein Vorbild für mich gewesen, denn sie hatte nur geringe finanzielle Möglichkeiten. Sie war selbst Vollwaise. Zuerst hatte sie 1945 ihren Vater verloren, der bei der Waffen-SS war, und beim Heimmarsch von Frankreich Richtung Deutschland von Franzosen an die Wand gestellt wurde, weil er eben Mitglied der Waffen-SS war – das geschah nach Ende des Krieges. Die Mutter meiner Mutter, meine Großmutter also, ist an Krebs verstorben, ebenfalls sehr bald. Meine Mutter war somit bereits mit 11 Jahren Vollwaise. So kam sie nach Wien und hatte im Grunde genommen immer ein sehr, sehr schweres Leben gehabt. Trotz ihrer eingeschränkten Möglichkeiten war sie immer bemüht, das Beste für mich zu erreichen. Mit erst sechs Jahren kam ich dann schon ins Internat …

Herkunft der Familie aus Niederösterreich und dem Sudetenland

Mölzer: Woher stammt denn die Familie Deiner Mutter?

Strache: Mütterlicherseits kommt meine Familie aus dem niederösterreichischen Neunkirchen, wo meine Vorfahren als Bauern ihr Leben unterhielten. Sie haben auch mit dem Familiennamen Bauer geheißen. Der Vater meiner Mutter stammt aus Heidelberg, er ist 1938 nach Österreich gekommen und hat meine Großmutter kennen- und lieben gelernt. Im Rahmen eines Fronturlaubs heiratete er meine Großmutter und 1944 kam dann meine Mutter zur Welt.

Mölzer: Also hast Du rheinländische und niederösterreichische Wurzeln …

Strache: Mütterlicherseits.

Mölzer: Und von der Vaterseite?

Strache: Väterlicherseits stammt meine Familie aus dem Sudetenland, aus Reichenberg, um genau zu sein. Das ist jene Stadt, bei der die österreichischen Skisprung-Reporter geschichtsloser Weise nur Liberec sagen.

„Strache" ist kein typisch österreichischer Name

Mölzer: Der Name Strache ist ja kein typisch österreichischer Name. Klingt eigentlich fast eher norddeutsch. Wie kommt es zu dem Namen, gibt es eine Geschichte dazu?

Strache: Es gibt unterschiedliche Geschichten. Ursprünglich soll meine Familie aus Preußen heruntergewandert sein. Das wurde zumindest familienintern erzählt, und sie hat sich in Reichenberg angesiedelt. Es gibt allerdings auch die Behauptung, daß unser Name früher in der Abkürzung „Strach" geheißen haben soll, was aus dem Tschechischen bekannt ist und irgendetwas mit dem Thema „Angst" zu tun haben soll – „angstverbreitend" oder wie auch immer. Wer mich kennt, weiß, daß ich keine Angst habe, und daher das auch nur in eine Richtung interpretiert werden kann. Auf jeden Fall hat sich meine Familie in Reichenberg angesiedelt, wir haben damals in der Peter Rosegger-Straße 11 ein Anwesen gehabt. Um 1840 hat sich die Familie dann in alle Himmelsrichtungen zerstreut. Ein Strache soll Reichstagsabgeordneter gewesen sein, ein gewisser Hugo Strache war Chemiker und Erfinder. Und dann gibt's noch einen Strache in der Familie, der die Eisenbahnstopper erfunden haben soll – das waren die Verbindungsglieder der Waggons. Zumindest hat mein Großvater mir das immer erzählt. Genau genommen hat mein Großvater das nur in der Linie bis zu seinem Großvater zurückverfolgen können.

Mölzer: Also hast Du nach dem Ausscheiden Deines Vaters aus der engeren Familie über den Großvater zur väterlichen Familie sehr wohl Kontakt gehabt?

Strache: Absolut, der Großvater war derjenige, der mit seiner Frau, sprich mit meiner Großmutter, immer für mich da war. Ich habe in den Ferien die Zeit immer bei meinen Großeltern verbracht …

13

Mölzer: ... in Wien?

Strache: Nein, in Purkersdorf. Eigentlich lebten sie in Wien, im 19. Bezirk, haben aber daneben in Purkersdorf in einer schönen Bungalow-Anlage noch eine Art Wochenend-Wohnung gehabt. Diese Anlage gibt es heute noch, meine Großeltern waren dort den ganzen Sommer für mich da. Neben einem Schwimmbecken gab es dort noch Tennisplätze und andere Sportmöglichkeiten. Das war für mich im Sommer einfach ein schöner Fleck.

Mölzer: Die Großeltern waren aber Vertriebene?

Strache: Das waren Vertriebene. Sie sind nach dem Ersten Weltkrieg teilenteignet und 1945 dann restlos enteignet und vertrieben worden. Mein Urgroßvater hat zum Glück schon zu diesem Zeitpunkt auch in Wien einen Wohnsitz gehabt – so sind sie dann hierher geflüchtet. Der Urgroßvater, Dipl.-Ing. Heinrich Strache, ist in der russischen Kriegsgefangenschaft sehr bald ums Leben gekommen, nämlich bei der Zwangsarbeit an einem Herzinfarkt verstorben. Mein Großvater hat nach der Vertreibung in Wien neu angefangen. Er absolvierte sein Studium, heiratete meine Großmutter und schaffte es schließlich bis zum Generaldirektor einer großen Firma.

Berührt durch Pauschalurteile des Geschichtsprofessors

Mölzer: Diese Familiengeschichte – sowohl die sudetendeutschen Wurzeln als auch das Schicksal des Großvaters als Soldat der Waffen-SS – wie alt warst Du denn, als Du diese Dinge mitbekommen hast?

Strache: Es war im Jugendalter, als ich in der Schule vom Geschichtsprofessor damit konfrontiert wurde. Dieser hat manchmal Wertungen geäußert, die einen als jungen Menschen berührt haben – vor allem, wenn es um Pauschalurteile ging. Ich habe dann natürlich auch zu Hause nachgefragt, insbesondere bei meinem Großvater, der bei der Luftabwehr in Berlin Offizier war. Es hat mich immer sehr interessiert, und die Möglichkeit, bei solchen Fragen tief in die Materie hineinzustoßen, führte dazu, daß ich ein sehr positives Bild meiner familiären Herkunft einerseits und ein Bewußtsein für die Lasten der Geschichte andererseits erhielt. Meine Großeltern waren mir immer sehr, sehr wichtig und haben mich im positiven Sinn stark beeinflußt.

Politisch war die Familie eher christsozial

Mölzer: Wie war denn das bei Euch in der Familie, mit den Großeltern, mit der Mutter: War da auch eine politische Gesinnung bemerkbar oder war das politikfrei? Hat es da Geschichtsbilder gegeben, die irgendwie einzuordnen wären aus unserer heutigen Sicht? Wie siehst Du denn jetzt als Mittdreißiger dieses geistige Klima in dieser Familie, in die Du hineingeboren wurdest?

Strache: Das war eine zum Teil christlich-soziale Familie, im wesentlichen aber apolitisch. Das gilt für meine Mutter, die eigentlich kein größeres Interesse an Politik gehabt hat, als auch für meinen Großvater, der natürlich durch die Kriegszeit geprägt war, sodaß er sich nie parteipolitisch betätigt hatte. Er war ein wertkonservativer Mensch, der für sich sehr klare Lebensformen geführt hatte. Das hat mich eben sehr geprägt. Einer seiner Sprüche war: „Immer 20 Prozent mehr als die anderen geben", also immer über sich hinauswachsen. Er war ein konsequenter Mann mit eben sehr wertkonservativen Lebensansichten.

Mölzer: Heinz-Christian, nun warst Du ja als Jahrgang 1969 in der frühen Kreisky-Zeit ein Kind. Die Zeit, in der die Sozialdemokratie das Leben geprägt hat, die Neue

Linke in Deutschland, die Baader-Meinhof-Bande, bei uns die Linkstendenzen an den Schulen, in der Gesellschaft, Ö3 ist erfunden worden, all diese Dinge. Wie war denn das, hast Du als Kind schon etwas von dieser Kreisky-Ära mitbekommen?

Strache: Das kann ich nicht beantworten, denn ich war damals ja noch sehr jung.

Mölzer: Wie haben das Deine Mutter und Deine Großeltern gesehen?

Strache: Das war die Phase so ab meinem sechsten Lebensjahr. Ab damals habe ich meine Zeit vor allem im Internat verbracht, von Sonntagabend bis Samstagmittag. Man ist in solch einem Internatsverband sehr abgekapselt, allerdings ein bißchen etwas bekommt man dennoch von „draußen" mit …

Mölzer: Gab es Äußerungen im Familienverband? Kreisky hat die Österreicher doch stark polarisiert. Es waren viele begeistert, viele haben ihn scharf abgelehnt, seine gesellschaftspolitischen Reformen, die Schulreform eines Sinowatz, die Justizreform eines Broda… Wie hat sich zum Beispiel der Großvater dazu geäußert? Hast Du da Erinnerungen?

Strache: Der Großvater war, wie gesagt, ein Wertkonservativer, der in dieser Phase sicherlich der Österreichischen Volkspartei näherstand.

Mölzer: Eine indiskrete Frage in diesem Zusammenhang: Du meinst, Dein Großvater war eher ÖVP-nahe, Was glaubst Du, hat Deine Mutter gewählt?

Strache: Ich kann heute sagen, daß ich es geschafft habe, alle zu Freiheitlichen zu machen. Aber es gab anfangs keine parteipolitische Präferenz in der Familie. Darüber wurde eigentlich im großen und ganzen auch gar nicht gesprochen. Es war eher ich selbst, der dann später diese

16

Diskussionen in die Familie gebracht hat. So habe ich beispielsweise mit meiner Großmutter sehr häufig diskutiert. Deren Großvater war ein Gründungsmitglied der Sozialdemokratie in Wien und Armenrat in Favoriten gewesen. Da haben wir auch immer sehr interessante Diskussionen geführt, die aber, wie gesagt, von mir initiiert wurden. Grund dafür war wohl, daß ich als Jugendlicher politisch zu denken begann.

Großer Dank an die Mutter

Mölzer: Warst Du eher das Kind einer begüterten oder einer ärmeren Familie – wenn man das so schwarz-weiß sagen kann?

Strache: Meine Mutter hat als Alleinerzieherin ein bescheidenes Einkommen gehabt und mit diesem die Internatskosten decken müssen. Das waren ziemlich hohe Kosten, auch für die damalige Zeit schon. Sie hat also im Rahmen ihrer Möglichkeiten wirklich alles dazu beigetragen, daß aus „ihrem Buben" etwas wird. Die Familie mütterlicherseits hatte einen Drogerieladen, in dem auch meine Mutter tätig war. Sie konnte den Laden nicht vor 19 Uhr verlassen, was eben dazu führte, daß ich ins Internat kam, um am Nachmittag nicht unbeaufsichtigt zu sein. Mit sechs Jahren, wie ich es damals war, sollte man nicht alleine zu Hause herumhängen müssen, und so vielleicht auf dumme Ideen kommen können – frei nach dem Motto „Gelegenheit macht Diebe". So kann man sagen, daß die materielle Situation bei uns zu Hause nicht immer einfach war, bisweilen beengt …

Mölzer: Also Du kennst auch familiär-finanzielle Sorgen …

Strache: Natürlich, ja.

Mölzer: Auf der anderen Seite hast Du aber einen gewis-

17

sen Bezug zum gewerblichen Mittelstand mit der Drogerie Deiner Familie, aber auch zum Großbürgertum über Deinen Großvater...

Strache: Wo aber ursprünglich nach dem Krieg durch die Vertreibung alles verloren war, mein Großvater aber den Wiederaufbau geschafft hat.

Mölzer: Das ist ein Phänomen der österreichischen Geschichte: Das Bürgertum, die Menschen überhaupt, haben in den letzten hundert Jahren mehrmals alles verloren: In der Wirtschaftskrise der 20er und frühen 30er Jahre, dann beim Zusammenbruch 1945, mehrfach bei Währungsreformen, oder auch durch die Vertreibung oder durch die unerbittliche Zerstörung der Städte durch den Bombenkrieg. Und das interessante daran ist, wie unterschiedlich die Menschen dann diese Schicksalsschläge und den Wiederaufbau meistern.

Strache: Es war diese Generation stärker zusammengeschweißt, zu sehen auch am Beispiel meiner Großeltern. Sie waren durch diese Krisen, durch diese Wirren und durch dieses unendliche Leid, das man auch erleben mußte, enger aneinander geknüpft, auch als Lebenspartner. Das waren noch wirkliche Bünde fürs Leben. Damals, als es um das nackte Überleben ging nach dem Krieg, war sicherlich die Scheidungsrate eine andere als heute. Da waren Partnerschaften stabiler – weil existenziell begründet. Das ist ein Umstand, der sich in unserer heutigen Zeit leider Gottes sehr stark verändert hat.

Mölzer: Wenn ich das richtig sehe, ist Deine Familie, wie anno dazumals für die Österreicher typisch, durch den Krieg, die Nachkriegszeit und durch Schicksalsschläge geprägt worden. Meines Erachtens heißt das schon, daß dieses Verständnis für diese familiären Schicksale auch ein Verständnis für das Schicksal der Österreicher überhaupt im 20. Jahrhundert bedingt. Wie siehst Du denn das? Glaubst Du, daß Du heute als Politiker durch Deine familiäre Entwicklung die Menschen besser verstehst?

Verständnis der Probleme der Menschen durch eigene Erfahrungen

Strache: So ist es, einfach durch meine Entwicklung, weil ich in allen Bereichen die Gelegenheit hatte, typische Schicksale hautnah mitzuerleben oder zumindest indirekt zu spüren. Natürlich hat es mich beschäftigt, die Familiengeschichte zu hören und zu begreifen, daß man sich einiges hart erarbeiten und erwirtschaften mußte, daß da ein schönes Anwesen in Reichenberg vorhanden war, das uns dann einfach brutal weggenommen wurde. Und das, obwohl sich die Sudetendeutschen, einschließlich meiner Familie, gegenüber den Tschechen immer sehr anständig verhalten haben. Wir wissen, daß während des Zweiten Weltkrieges gerade das Sudetenland und die „Tschechei" nicht von den kriegerischen Auseinandersetzungen berührt waren. Dennoch mußte man dann nach dem Krieg erleben, daß mit einer unbeschreiblichen Brutalität vertrieben, ermordet und enteignet wurde. Aufgrund dieser Geisteshaltung kann ich sehr gut nachvollziehen, daß diese Opfergruppe, die Sudetendeutschen, bis heute nicht zu ihrem Recht gekommen.

Mölzer: Aber wenn ich Dich richtig verstehe, bedeutet das, daß Du diesen speziellen Problemkreis deswegen besonders gut verstehst, weil Deiner Familie dieses Schicksal widerfahren ist.

Strache: Ja, das ist das, was mich mit dieser Schicksalsgemeinschaft emotional verbindet.

Mölzer: Dein Großvater mütterlicherseits wurde also als Angehöriger der Waffen-SS erschossen, Dein Groß-

19

vater väterlicherseits war Angehöriger der Wehrmacht, und Deine Großmutter stammte aus einer sozialistischen Familie aus Favoriten. Hat Dich diese Familiengeschichte mit geprägt?

Strache: Eine Bemerkung am Rande: Mein Großvater mütterlicherseits wurde am Heimweg erschossen, nachdem er die Waffen niedergelegt hatte. Am 9. Mai 1945, ohne Prozeß und Urteil, wurde er von Franzosen an die Wand gestellt. Wenn man es genau nimmt, war es ein Nachkriegsverbrechen. Ich habe, wie schon erwähnt, all diese Geschichten rund um meine Familie im Laufe meines Erwachsenwerdens mitbekommen und, ja, sie haben mich beeinflußt. Aber natürlich hat mich auch das Internat sehr geformt ...

Starke Prägung als Internats-Schüler

Mölzer: Was gab es da für ein Klima? Erzähl, wie war das?

Strache: Wenn Du mit sechs Jahren ins Internat kommst, dann ist das sehr früh. In diesem Alter ist es alles andere als leicht zu akzeptieren, daß Deine Mutter mit Dir am Sonntagabend das Internat aufsucht. Dieser Abschied war immer äußerst schmerzvoll für mich. Dazu kommt, daß man in diesem Alter auch noch nicht dazu fähig ist, zu erkennen, daß es für die Mutter eine Notwendigkeit ist, dich dortzulassen.

Mölzer: Hast Du als Kind Deiner Mutter das übelgenommen?

Strache: Es hat eine Phase gegeben, in der ich das nicht verstanden und der Mutter zum Vorwurf gemacht habe. Das regelte sich aber in der Folge, weil man älter wird und erkennen kann, daß es für mich nicht nur aus ihrer Warte das Beste war.

Mölzer: Einzelkinder, speziell von alleinerziehenden Müttern, haben bekanntlich eine sehr starke, häufig auch problematische Bindung zu ihrer Mutter. Auf der einen Seite hast Du gemeint, Du würdest Deine Mutter für ihre Aufopferung für Dich bewundern, auf der anderen Seite hast Du sie als Kind wegen des Internats kritisiert. Würdest Du Dein Verhältnis zu Deiner Mutter in Summe als positiv sehen?

Strache: Definitiv positiv. Denn die Internatsprägung war für mich unterm Strich etwas Gutes. Man hat recht jung lernen müssen, sich in einem Internatsverband, Klassenverband und Zimmerverband durchzusetzen. Das waren damals Großraumzimmer mit acht Betten, in denen ich gewohnt habe. So wurde ich eben schon als junger Mensch in eine gewisse Rahmenordnung gepreßt, die einem zwar nicht immer angenehm war, aber durch die man letztlich fürs spätere Leben auch Vorteile ziehen kann. So läßt sich durchaus feststellen, daß man als junger Mensch schneller reift …

Mölzer: … und den Lebenskampf vielleicht früher mitbekommt als im Familienverband. Ich war auch vom 10. bis zum 16. Lebensjahr im Internat. Das ist natürlich schon wesentlich später, zu Beginn des Gymnasiums. Aber ich habe auch sehr gelitten, sehr viel Heimweh nach der Mutter gehabt, besonders die ersten ein, zwei Jahre. Meine Eltern waren ebenfalls geschieden. Ich bin allerdings in einer Zeit ins Internat gekommen – im Grunde zehn Jahre früher als Du – als es noch sehr autoritär zugegangen ist. War das Mitte der siebziger Jahre auch noch so?

Strache: Ja, auf jeden Fall. Denn ich war ja in einer reinen Knabenschule, einem katholischen Internat. Das war schon noch sehr autoritär. Ich kann mich erinnern, wenn wir – das war in der Phase der Volksschule – bei Laus-

21

bubenstreichen wie Polsterschlachten am Abend erwischt wurden oder bei sonstigen Blödeleien, daß wir damals ins Klassenzimmer mußten. Dort hatten wir Gedichte mit vier, fünf, sechs Strophen auswendig zu lernen, und durften solange nicht mehr schlafen gehen, bis wir sie aufsagen konnten. Da wurde man natürlich sehr gefordert.

Mölzer: Das kenn ich auch, ja. Turmrechnungen oder Gedichte auswendig lernen.

Strache: Das hat dann in Strebersdorf, in der Mittelschule also, eine durchaus höhere Dimension angenommen. Da ist man dann noch mit den Händen ausgestreckt mit Büchern am Gang gestanden und wenn der Erzieher besonders liberal war und zuvorkommend, na, dann durfte man auch noch, wenn es kalt war, eine Decke über der Schulter tragen. Es gab dann auch Samstage und Sonntage, die man strafweise im Internat verbringen mußte. Ich habe es in meiner Rekordzeit geschafft, drei Wochen ununterbrochen im Internat zu sein. Ausgangssperre zu haben, nicht nach Hause zu dürfen, ist schon hart. Aber man sagt ja: „Was einen nicht umbringt, macht einen nur härter".

Mölzer: Wie weit hat Dich das geprägt, das katholische Internat, die autoritären Strukturen und Erziehungsmittel?

Strache: Das war ja für mich das Phänomen. In diesem autoritären System habe ich immer aufbegehrt, ich habe mich ein bißchen zum Revoluzzer entwickelt ...

Früh „tonangebend"

Mölzer: Warst du ein Rädelsführer oder ein Mitläufer?

Strache: Ich war immer einer, der damals schon gerne gesprochen hat und versucht hat, den Ton an- und vorzugeben. Aber ich war immer auch einer, der einen kameradschaftlichen Umgang gepflegt hat und schon von klein auf über eine sehr große soziale Intelligenz verfügte, der für andere auch immer da war, wenn andere Hilfe brauchten. So gesehen war meine Rolle eher eine verbindende.

Mölzer: Wie weit hat dich das katholische Element, sofern es überhaupt spürbar war, auch für Deinen weiteren Lebensweg ideologisch und religiös beeinflußt?

Strache: Zumindest hat es mir die Prägung mit auf den Weg gegeben, daß das ein ganz wesentlicher Bestandteil Europas ist – nicht nur von der religiösen, sondern auch von der kulturellen Seite her. Wie formulierte es Goethe? „Das Christentum ist die Muttersprache Europas."

Mölzer: Es gibt viele Menschen, die mit dem religiösen, spirituellen Teil des Christentums sehr wenig anfangen, aber in der aktuellen Debatte um die Islamisierung sehr wohl der Meinung sind, daß das Christentum eben diese kulturelle Bedeutung hat. Inwieweit bist Du ein gläubiger Mensch?

Strache: Ich bin ein gläubiger Mensch, aber nicht in dieser starren Kirchenstruktur denkend. So gesehen war diese Zeit schon prägend für mich, aber ich habe mir auch immer die Freiheit herausgenommen, meinen Glauben auch etwas freizügiger zu gestalten.

Mölzer: War Deine Familie ursprünglich katholisch?

Strache: Auf der mütterlichen Seite, aus Heidelberg stammend, war die Familie protestantisch, väterlicherseits war sie katholisch.

Mölzer: Womit hat denn der junge Heinz-Christian, sowohl als Volksschüler und dann später, ab dem 10. Lebensjahr, seine Freizeit verbracht? Was waren Deine frühen Interessen?

Strache: Ich hatte natürlich in diesem Internatsbereich vielfältige Möglichkeiten. Vor allen Dingen später in Strebersdorf – das war eine Sportschule, ein Sportinter-

nat – gab es ein reichhaltiges Angebot für die Freizeitge-
staltung, mannigfaltige Vereins- und Sportstrukturen, die
ich gerne nutzte. Man konnte sich für verschiedenste Lei-
stungsgruppen melden. So habe ich im Schachleistungs-
klub gespielt ...

Zwischen Schach und Fußball

Mölzer: Bist Du heute noch Schachspieler?

Strache: Ja, ich spiele heute noch Schach. Ich war in
meiner Altersklasse Zweiter von Wien und pflege das bis
heute, zwar nur mehr einmal im Jahr, 14 Tage im Sommer
im Urlaub, wo ich mich dem Schach hingebe. Das Schach-
spiel hat mich immer fasziniert. Über Schach hinaus habe
ich dann die sportlichen Möglichkeiten genutzt. Bei den
Wiener Landesmeisterschaften war ich Vierter im Judo,
beim Tischtennis habe ich in Wien einmal einen siebten
Platz bei Meisterschaften errungen, und auch beim Tennis
konnte ich mit einem zweiten Platz bei Wiener Meisterschaften aufwarten. Des weiteren habe ich leidenschaftlich
gerne Fußball gespielt. Aus der Schülerliga kommend
trainierte ich dann bei der Wiener Austria in der Jugend-
mannschaft, durfte aber leider nie in der Kampfmannschaft
spielen. Letztlich bin ich zum Wiener Sportclub transfe-
riert worden. Dort durfte ich dann in der Kampfmannschaft spielen, das war eine sehr schöne Zeit. Als ich an die
Rapid-Amateure hätte verkauft werden sollen, beendete
ich meine Fußballerkarriere. Mir ging es zu weit, wegen
des Trainings jeden Tag insgesamt zwei Stunden hin- und
herfahren zu müssen.

Ehrgeizig, aber nicht rücksichtslos

Mölzer: Was bedeutet für Dich Wettbewerb, Wettkampf?

Strache: Das ist reizvoll. Ich war schon immer ein Mensch, der sich gerne dem Wettkampf und dem Leistungsvergleich gestellt hat.

Mölzer: Diesbezüglich ehrgeizig?

Strache: Ehrgeizig, ja natürlich.

Mölzer: Auch rücksichtslos?

Strache: Rücksichtslos nicht, aber ein Ziel verfolgend und das sehr beharrlich und letztlich auch durch den Sport erkennend, daß man auch mit Niederlagen leben muß. Das ist auch wichtig, nicht nur Siege erleben zu können, denn das zeichnet schließlich das Leben aus. Es kann ein Mensch oder eine Gesellschaft nicht immer nur nach oben streben und siegen, sondern es gibt auch Niederlagen und Du mußt damit lernen umzugehen. Und das hat mich auch geprägt. Ich kann mich erinnern, als ich junger Bursche Vierter geworden bin im Judo, wie ich da schrecklich geweint habe und völlig verzweifelt war, den 3. Platz nicht erreicht zu haben. Aber es ist auch wichtig zu erleben, daß das Leben eben nicht nur die Sonnenseiten, sondern manchmal auch Niederlagen mit sich bringt. Und das macht einen stärker, wenn man lernt, damit umzugehen. Denn es gibt ja immer wieder neue Chancen.

Mölzer: Was wollte denn Heinz-Christian Strache als Kind beruflich später einmal machen? Was waren seine beruflichen Lebensziele?

Strache: Zuerst schulisch, um da einmal anzusetzen: Das war immer ein Turnen von Schuljahr zu Schuljahr, denn ich war mit Sicherheit nicht der fleißigste Schüler, was das Lernen betrifft. Es war immer das Bewerkstelligen des Notwendigsten, um das nächste Schuljahr in Angriff nehmen zu können. Und beruflich war mir lange Zeit nicht klar, was ich werden will. Eine Zeitlang hat man als junger Bursch natürlich, wenn man den Polizeibeamten sieht, durchaus den Gedanken, ob das nicht etwas Interessantes wäre. Das war in Folge dann aber nicht mehr der Fall. Mit 14, 15 Jahren wollten meine Großeltern, daß ich weitere vier Jahre im Internat verbringe, nämlich auf der Militärakademie in Wiener Neustadt. Aber das hat nicht ganz in meine Lebensplanung gepaßt. Mit 15 Jahren hatte ich eher das Interesse, das Projekt Internat abzuschließen und mir doch auch ein bißchen mehr Freiheit herauszunehmen und so habe ich mich dann entschlossen, einen Lehrberuf zu ergreifen. Ich habe zuerst das Übergangsjahr in der Handelsschule verbracht, damals die Handelsschule Weiß im 1. Bezirk, und dann die Zahntechnikerausbildung absolviert.

Mit 15 nicht mehr ins Internat, sondern in die Zahntechniker-Lehre

Mölzer: Hast Du von der Schule schlicht und einfach die Nase voll gehabt oder wie war das?

Strache: Das nicht, nein. Aber ich wollte einfach nicht mehr in der Internatsstruktur verhaftet bleiben und habe mich entschlossen, eine Lehre in Angriff zu nehmen und am Abend die Mittelschule fortzusetzen.

Mölzer: Wie bist Du auf den Beruf des Zahntechnikers gekommen, war das irgendwie durch die elterliche Drogerie bedingt? Wie hat sich das ergeben?

Strache: Wie sich das ergeben hat? Das war eher ein Zufall. Wir haben uns damals auch im Schulunterricht damit auseinandergesetzt, welche Berufsmöglichkeiten bestehen, und da gab es auch Bücher, in denen alle Berufsgruppen angeführt waren, wo man sich ein bißchen hineinlesen konnte. Und mich hat der Beruf des Zahntechnikers einfach interessiert, da war auch dieses künstlerische Element, das mich angesprochen hat und ich hatte dann die

Gelegenheit, mir das in einem zahntechnischen Lager zwei Tage lang anzusehen. Das hat mich dann fasziniert und ich hatte in Folge auch das Glück, daß ich sehr schnell ein Unternehmen fand im 3. Bezirk, also in meinem Heimatbezirk, das mir einen Lehrplatz zusicherte. So begann ich das und fing nebenbei auch mit der Abendschule an.

Aufgewachsen in Wien-Erdberg

Mölzer: Ein bißchen zu Deinem Heimatstadtteil Erdberg. Es war ja der ehemalige Bundespräsident Klestil ein Erdberger, Joe Zawinul …

Strache: … und auch Vranitzky hat dort gewohnt, in der Keilergasse sogar, wo ich herkomme.

Mölzer: Wie ist Deine Beziehung zu Erdberg? Ist das auch Heimat für Dich oder wie würdest Du das sehen?

Strache: Erdberg ist natürlich auch Heimat. Es war früher, in meiner Kindheit, ein Bezirksbereich, der auch noch eine andere Struktur hatte als heute. Da hat sich dann ab dem sechsten Lebensjahr auch im 3. Bezirk, Landstraße, durch eine verfehlte Zuwanderungspolitik einiges radikal verändert, so auch im Bezirksteil Erdberg. Man findet heute kaum mehr Gasthäuser, sondern nur mehr ausländische Lokalitäten, Gebetshäuser, Kebab-Stuben, türkische Gemüsehändler. Und das ist letztlich etwas, was mich natürlich tagtäglich beschäftigt.

Mölzer: Heißt das, daß Dein Begriff von Heimat, der eigentlich mit einem Bezirksteil, einem Grätzel, wie man das in Wien nennt, verknüpft ist, durch die Zuwanderung und deren soziologischen Begleiterscheinungen in Gefahr ist?

Strache: Ja natürlich, denn man erlebt in diesem Umfeld von Erdberg, aus dem ich stamme, daß die eigene Bevölkerung bedroht ist, zur Minderheit zu werden. Diese

Entwicklung, die ich von meinem sechsten Lebensjahr an in Erinnerung habe, begann schleichend und wurde sukzessive immer stärker spürbar. Und so findet man mittlerweile in Erdberg auch schon Schulen vor, an denen es einen Ausländeranteil von teilweise 90 Prozent gibt …

II. Frühe politische Prägung

Ein Zahnarzt, der zu politischer Arbeit bewegte

Mölzer: Heinz-Christian, da haben wir Mitte der achtziger Jahre den jungen Zahntechniker und den Abendschüler Heinz-Christian Strache. Wie entwickelte es sich nun, daß dieser in den Bereich der Politik, genauer gesagt in den Bereich freiheitlicher Politik gerät?

Strache: Es hat über einen gewissen Menschen Anknüpfungspunkte gegeben. Das war Dr. Herbert Güntner, der in Favoriten Zahnarzt war und den ich damals während meiner zahntechnischen Ausbildung als Lehrling beliefert habe. Im Zuge dieser Auslieferungen bin ich immer wieder mit ihm ins Gespräch gekommen, und wir haben festgestellt, auch viele politische Übereinstimmungen zu haben. Dr. Herbert Güntner war damals der Obmann der Freiheitlichen Partei im Bezirk Landstraße und er kommt aus dem waffenstudentischen Lager. Es war ein Anknüpfungspunkt der politischen Übereinstimmung. Im Zuge der Diskussionen hat er mich einmal eingeladen, in den Bezirk zu kommen, um dort aktiv zu sein und eine Jugendgruppe aufzubauen. So hat sich das entwickelt. Zur selben Zeit bin ich über einen anderen zu einer Mittelschulverbindung, zur Burschenschaft Vandalia, gestoßen. Das waren also meine ersten Kontakte in diesem Bereich.

Mölzer: Das ist unabhängig von Dr. Güntner gegangen?

Strache: Das war unabhängig von Dr. Güntner. Dazu

kann man im übertragenen Sinn „schicksalshafte Über-kreuzungen und Fügungen" sagen.

Mölzer: Nun fällt diese frühe Phase der Politisierung des Heinz-Christian Strache auch in den Beginn des Auf-schwungs der FPÖ unter Jörg Haider. Hat das etwas mit-einander zu tun gehabt?

Strache: Natürlich war ich damals als junger Mensch in-teressiert an Politik, und so haben Aussagen von Dr. Jörg Haider mein Interesse geweckt. Ich konnte ja damals nicht vorhersehen, daß er jemand ist, der dann in Folge genau das Gegenteil von dem betreibt, was er damals zum Be-sten gegeben hat. Aber natürlich war das auch etwas, was mir damals positiv aufgefallen ist an der Entwicklung der Freiheitlichen Partei – und sicherlich auch das Interesse weiter entfacht hat.

Mölzer: Aber Du warst ja einer, sowohl bei Deinem Ein-tritt im 3. Bezirk unter Güntner in die FPÖ, also auch bei Deinem Beginn im waffenstudentischen Lager, der nicht so am Rand wie viele andere junge Haiderwähler dazuge-kommen sind, sondern eher in den Kernbereich des Lagers vorgestoßen ist. Woran lag das denn, war das wirklich nur Zufall oder eine innere Gesetzlichkeit?

Kein Zufall, sondern Interesse am Grundsätzlichen

Strache: Zufall war es nicht, sondern es war einfach so, daß mich immer schon Grundsätzlicheres interessiert hat und das habe ich auch eben damals bei der Wiener Pennalen Burschenschaft Vandalia gefunden. Es war dann auch in dieser Verbindung so, daß ich letztlich auch meine Stärken durchaus weiter schärfen und ausbauen konnte. Natürlich zählt dazu auch eine gewisse Autorität, Füh-rungsstärke und Mediation. Ich bin ein sehr sportlicher Mensch, das hat sich auch beim Fechten widergespiegelt, ich war lange Zeit Fechtwart. Ich habe sechs Mensuren in meiner Aktivzeit gefochten, und wie Du weißt, hatte ich ja erst unlängst meine siebte mit einem Salzburger Arzt. Das war schon das Grundsätzliche, das mich sehr angesprochen hat. Ich habe dann auch immer darauf geschaut, daß bei den Füchsen, was das Ideologische betrifft, gefestigte Strukturen erhalten bleiben.

Mölzer: Schauen wir uns Deinen frühen waffenstudentischen Werdegang ein bißchen im Detail an: Da gibt es das Politisch-Ideologische bei einer Burschenschaft, die also deutschbewußt, freiheitlich und freiheitsliebend ist. Hast Du Dich da wiedergefunden, ideologisch oder weltanschaulich, oder ist dort für Dich durch Beeinflussungen ein Input entstanden als junger Mann? Wie siehst Du denn das heute?

Strache: Ich hatte schon von Beginn an diese Grundeinstellungen, aber durch die Verbindung ergibt sich auch eine stärkere Nachhaltigkeit.

Mölzer: Wer waren denn dort in diesem Bereich für Dich die prägenden Männer damals?

Strache: Das war damals ein Weinbauer aus Niederösterreich. Er war einer der bestimmenden Figuren, und hat mich angesprochen, eben auch letztlich in die Verbindung gebracht.

Deutschbewußt

Mölzer: Das Ideologische, die deutschbewußte Schiene: wie weit hat Dich das am Anfang beeinflußt? Und wie weit ist Dir das bis heute wichtig geblieben?

Strache: Selbstverständlich ist das wichtig. Denn zu wissen, woher man kommt, und sich dafür auch nicht genieren zu müssen, ist, glaube ich, ein wesentlicher Bestandteil, der in unserer Gesellschaft von heute ja verloren

31

gegangen ist. Und eine eigene Geschichte, genauso im Bereich der Familiengeschichte, aber auch von der Herkunft, die soll man nicht verleugnen, da soll man bewußt dazu stehen. Man muß sich auch im Prinzip damit auseinandersetzen. Das ist jetzt dieser patzige 08/15-Spruch, aber natürlich muß man seine eigene Geschichte auch kennen, um bewußt auch einen Weg in die Zukunft beschreiten zu können. Und das ist genau das, was in unserer Zeit auch verloren gegangen ist. Immer weniger junge Menschen setzen sich mit unserer Geschichte auseinander und wenn, dann nur mit dem, was sie vorgekaut bekommen vom Geschichtslehrer, also sehr einseitig.

Mölzer: Nun fällt Dein Einstieg in die FPÖ in eine Zeit, als der damalige Obmann Jörg Haider die Debatte um die österreichische Nation mit der Aussage von der „österreichischen Nation als ideologischer Mißgeburt" belebt hat. Wie hat denn der 19jährige Heinz-Christian Strache das damals gesehen, 1988? Wie sieht er es heute?

Bekanntschaft mit Norbert Burger

Strache: 1988 war das so, daß ich diese öffentliche Aufregung mitbekommen habe und daß das natürlich auch in den Verbindungen ein oftmaliges Gesprächsthema war. Ich habe dann später, 1989, im Rahmen eines Geburtstagsfestes das Vergnügen gehabt, Dr. Norbert Burger näher kennenzulernen, und ich bin in der Folge auch draufgekommen, daß Dr. Burger sehr, sehr viel mit dieser Aussage Dr. Haiders zu tun hatte. Denn, wie wir wissen, war es ja so, daß einige Kräfte aus dem national-freiheitlichen Lager Haider damals schon sehr kritisch gegenübergestanden sind – unter anderen warrn es damals auch schon Dr. Scrinzi, Dr. Burger und andere. Und das hat letztlich auch dazu geführt, daß Haider das Gespräch mit diesen

Persönlichkeiten gesucht hat und von sich aus das dann in Kärnten offensiv in Angriff genommen hat, mit Dr. Scrinzi – soweit ich informiert bin – und mit Dr. Burchhart. Dort wurden diese speziellen Themenbereiche sehr heftig diskutiert, und das war auch eine Bedingung, die man damals an Dr. Haider gerichtet hat: Sich zu positionieren und damit auch zu beweisen, daß er es in gewissen Dingen ernst meint. Und das dürfte dann folglich zu dieser Aussage geführt haben. Wir wissen auch, wie damals schon Heide Schmidt darauf reagiert hat, und wie dann auch Haider in Folge sich von den Gesprächen distanziert hat.

Mölzer: Bleiben wir vielleicht noch bei der waffenstudentischen Entwicklung und Prägung, weil das dann schon in die Parteigeschichte und die Karriere des Jugendpolitikers Strache führt. Jetzt ist auf der einen Seite diese ideologische, historische, weltanschauliche Prägung, auf der anderen Seite das Waffenstudententum für den jungen Mann ja auch die Chance, aktiv Demokratie zu lernen und zu üben. Du hast auf der einen Seite Führungsqualitäten, die man dort lernt, angedeutet, auf der anderen Seite auch Einordnung, Disziplin. Wie siehst Du das heute, war das eine Schule für Dich?

Burschenschaft als Schule fürs Leben

Strache: Das war mit Sicherheit eine Schule, denn ganz generell muß man im Leben fähig sein, sich unterzuordnen und in einer Gemeinschaft seine Aufgaben zu übernehmen und dann durch deren Erfüllung letztlich zu bestätigen, daß man Führungsqualität hat. Zuerst muß man sich unterordnen und, wenn man so will, auch dienen, um später auch eine Führungsrolle übernehmen zu können. Und das war sicherlich in der Zeit sehr hilfreich und sehr prägend. Als Waffenstudenten werden wir von

33

Kritikern auch immer damit konfrontiert, daß eigentlich unsere personelle Struktur völlig überaltert ist und wir nur mehr traditionserhaltend deutsches Liedgut pflegen und quasi ein Geschichtsverein sind. Das ist natürlich Unsinn, genauso wie der Vorwurf, daß wir mit der Mensur etwas Überholtes und Sinnloses pflegen. Die Mensur kann man aus unterschiedlichen Blickwinkeln heraus betrachten. Sie wird einem Mitglied ja nicht aufgezwungen. Jeder hat die Möglichkeit der freien Entscheidung, Mitglied einer Verbindung zu werden – in dem Wissen, daß es dort auch die sportliche Mensur gibt. Aber die Mensur, die als eine Aufgabe gestellt wird, vor der man naturgemäß großen Respekt hat, bedeutet ja nicht mehr und nicht weniger als Aufgaben- und Problembewältigung. So sehe ich die Mensur. Es gibt im Grunde genommen keine Aufgabe, die einem gestellt wird, die man nicht lösen oder bewältigen könnte, und das ist das, was letztlich uns Waffenstudenten auch prägt und auszeichnet. Wir laufen im Grunde genommen wahrscheinlich auch deshalb weniger vor Problemen davon, wie das vielleicht in anderen Bereichen der Fall ist.

Mölzer: Also du meinst, daß diese studentische Mensur doch eine Art Grenzerfahrung ist, ein Ausnahmeerlebnis, das man bewältigt für die Gemeinschaft und das einen in der charakterlichen Entwicklung für das spätere Leben abhärtet oder stählt?

Strache: Ja, zumindest auch im Kopf stärker macht. Zum Willen, dieses Problem zu lösen, gesellt sich die Erkenntnis, daß jede schwierige Situation bewältigt werden kann. Das war auch meine persönliche Erfahrung, denn jeder Waffenstudent würde die Unwahrheit sagen, wenn er angibt, daß er vor der ersten Mensur nicht Hochachtung gehabt hätte.

Mölzer: Nennen wir es ruhig Angst.

Strache: Auch Angst, selbstverständlich. Und das zeigt ja, daß man auch mit der Angst umgehen lernen kann und daß dies auch ein wichtiger Prozeß ist.

Mölzer: Wie siehst Du denn im heutigen Bereich der freiheitlichen Gesinnungsgemeinschaft die Stellung und die Bedeutung dieses Korporations-Studententums?

Waffenstudenten als Rückhalt

Strache: Ganz, ganz wichtig. Denn das Dritte Lager besteht gerade auch aus diesem Kernbereich des waffenstudentischen Lagers, der freiheitlichen Akademikerverbände. Und insbesondere in der historisch größten Krise, die die Freiheitliche Partei erleben mußte, durch diese unsinnige Abspaltung, von der man im Nachhinein sagen kann, so unsinnig war sie gar nicht, denn es hat sich die Spreu vom Weizen getrennt, war das waffenstudentische Lager der Rückhalt. Das war eine Situation, in der im besonderen dieses Kernlager wie immer in Krisenzeiten Verantwortung übernommen und sich nicht wie ein Fähnlein im Wind verhalten hat, sondern Stellung bezog, was sicherlich zur Wiedergeburt der Freiheitlichen Partei maßgeblich beitrug.

Mölzer: Um auf unsere späteren Themen ein bißchen vorzugreifen: Es ist ein interessantes Phänomen, daß dennoch ein kleiner Teil oder einzelne Persönlichkeiten aus diesem waffenstudentischen Bereich sehr wohl diese Abspaltung mitvollzogen haben – etwa der ehemalige Parteichef Haupt oder andere. Warum, glaubst Du, ist das so?

Strache: Das sind meiner Meinung nach rein persönliche Motive, daß jemand persönliche Vorteile damit verbindet und diese vor die Gemeinschaft gestellt hat. Anders ist das für mich nicht zu erklären und das ist natürlich auch sehr enttäuschend gewesen, das bei einigen dieser Herrschaften wahrnehmen zu müssen.

Mölzer: Aber die alten waffenstudentischen Ideale der Ehre, der Freiheit, des Vaterlandes, ist das für Dich heute nach wie vor etwas zentral Wichtiges in diesem freiheitlichen Bereich?

Strache: Ich glaube, in unserer Zeit, in der die Globalisierung voranschreitet, ist da ein Entwicklungsprozeß, der uns immer mehr Heimat wegnimmt, der immer mehr Fremdbestimmung bedeutet, da ist unsere freiheitliche Weltanschauung wichtiger denn je. Und ich glaube, wir müssen letztlich auch diese Nationalstaatlichkeit wieder stärker in den Vordergrund rücken und auch das Heimatbewußtsein wieder schärfen, und deshalb sind diese Begrifflichkeiten Ehre, Freiheit, Vaterland ganz wichtige Werte, die wieder zum Leben erweckt werden müssen in einer moderneren Behandlung auch dieser Begrifflichkeiten.

III. Die politischen Anfänge

Anfänge in Wien-Landstraße

Mölzer: Wie war das dann jetzt im unmittelbar parteipolitischen Bereich? Wie bist Du denn in die FPÖ, die damals ja bundesweit von Jörg Haider dominiert war, in Wien aber sehr stark von der Persönlichkeit des unvergessenen Rainer Pawkowicz geprägt war, hineingewachsen?

Strache: Angefangen hat es in meinem Heimatbezirk, im Bezirk Landstraße. Damals 1988, 1989 bin ich Mitglied bei der Freiheitlichen Partei geworden und habe auch dann im Bezirk eine Jugendgruppe begonnen aufzubauen. In weiterer Folge wurde ich bei der Wiener Bezirksvertretungs- und Gemeinderatswahl 1991 auch der jüngste Bezirksrat in Wien, mit 21 Jahren. Weil ich eine Jugendgruppe aufgebaut habe für den Bezirk Landstraße, versuchte ich auch, Mitglied des Ringes Freiheitlicher Jugend zu werden. Dort wurde mir die Aufnahme allerdings immer verwehrt und der Weg versperrt. Damals schon waren Herbert Scheibner und Peter Westenthaler die Kofferträger von Haider, die auch im RFJ Wien das Sagen hatten. Sie haben schon damals in mir einen Konkurrenten erkannt und mit im Grunde genommen wirklich unschönen Methoden versucht, mich auszugrenzen, um mich als Konkurrent gar nicht möglich zu machen.

Mölzer: Nun waren Westenthaler und Scheibner, die also über die Schiene des Rings Freiheitlicher Jugend politische Karriere gemacht haben, real ein Teil jenes Systems Haider, das eigentlich auf Entideologisierung, auf Beliebigkeit, aufs Inhaltslose gesetzt hat, auf einen reinen Personenkult um den Parteiobmann und ansonsten eigentlich auf das Vergessen aller freiheitlichen Inhalte und Traditionen. Warst Du von Anfang an bewußt so etwas wie ein Gegenbild zu diesen Herrschaften?

Aufnahme in RFJ durch Westenthaler und Scheibner verhindert

Strache: Natürlich, ja, da habe ich nicht ins Bild gepaßt. Da kam zwar ein junger Mensch, aber ein gefestigter politischer Mensch, der, das darf man nicht vergessen, in dieser Phase schon als FPÖ-Mandatar tätig war in einem Bezirk. Trotzdem wurde mir der Zugang verwehrt. Das geschah natürlich schon auch auf Grund dieser Gegensätze, die du beschrieben hast. Auf der einen Seite diese Beliebigkeit, man hat keine Nachhaltigkeit, Politisch-Ideologisches festzumachen im Jugendbereich, und dann kommt da einer, der einen inhaltlichen Tiefgang hineinbringen will. Das hat nicht ins Bild gepaßt, und es war ja auch so, daß dann in Folge auch Dr. Rainer Pawkowicz auf mich aufmerksam geworden ist. Er war mein eigentlicher politischer Ziehvater. Wenn man die Karrieremuster hernimmt, die Scheibner und Westenthaler erlebt haben, kann man einiges festmachen. Diese Herrschaften haben wirklich bildlich den Glücksritter dargestellt, denn da handelte es sich um junge Menschen, die nie berufstätig waren. Im Gegensatz dazu war ich das damals bereits, besuchte eine Abendschule und stand knapp vor dem Selbständigwerden. Diese Herrschaften waren von Beginn an durch Jörg Haider in Position gebracht worden, als Extra-Sekretäre, als angestellte Kofferträger, die auch in Folge nie durch die Basis ihren politischen Weg sich erarbeitet haben oder durch ihre Leistung dann demokratiepolitisch irgendwo bestätigt worden wären. Im Gegenteil, Haider hat sie als Marionetten eingesetzt – eben perfekte Liebdiener für einen Mann ohne politische Ideologie.

Zwei Archetypen einer politischen Karriere

Mölzer: Kann man da so etwas wie zwei Archetypen der parteipolitischen Karriere festmachen? Da ist auf der einen Seite also die Günstlingskarriere, bei der durch Liebdienerei gegenüber einem Mächtigen, einem Parteigranden, „Erfolg" errungen wird, und andererseits der Basisarbeiter, der mit der Rückkoppelung an die Menschen, an die Bürger, an die Wähler diesen Weg macht. Kann man das so definieren?

Strache: Auf alle Fälle. Das entspricht sicherlich genau der Realität und das war ja auch mein Weg. Ich habe vom Bezirk ausgehend mit dieser Bezirkstätigkeit immer mit der Basis gemeinsam gelebt und gearbeitet und bin dann durch die Basis auch immer in eine nächste Ebene demokratisch gewählt worden: Ob das mit 21 Jahren die Mandatarsfunktion als Bezirksrat war, ob das mit 23 Jahren, als ich schon selbstständig war und einen zahntechnischen Betrieb gegründet hatte, dann die Wahl zum Bezirksobmann war oder dann in Folge, wiederum demokratisch, mit 26 Jahren die Chance, als Spitzenkandidat für die Landtagswahlen im Bezirk Landstraße zu kandidieren, um letztlich in den Landtag einziehen zu dürfen. Das macht ja auch den Unterschied zwischen meinem politischen Werdegang gegenüber dem dieser Herrschaften aus, die immer in diese Funktionen hineingesetzt worden sind, weil sie Günstlinge und vor allen Dingen Ja-Sager waren, die nie den Mut oder die Fähigkeit besessen haben, eine eigene Meinung zu vertreten.

Strache, ein Haider-Klon?

Mölzer: Nun ist es ja interessant, daß es immer wieder in der aktuellen politischen Polemik heißt, der jetzige FPÖ-Chef wäre nur ein Klon des langjährigen FPÖ-Chefs aus dem Bärental. Ich kann mich aber selber an das legendäre Kabarett beim FPÖ-Parteitag in Bad Gastein erinnern, bei dem Westenthaler mit dem Text des damaligen Kabinettschefs Walter Howadt, heute Botschafter in Chile, Haider mimte und tatsächlich als Haider-Klon aktiv war. Wie siehst Du die Frage des Klons heute?

Strache: Diese Darstellung ist völlig pervers. Völlig absurd, denn ich wäre ja ein ökonomischer aber auch politischer Selbstmörder, würde ich in diese Richtung Politik betreiben wie Jörg Haider. Das lehne ich ab, denn er hat ja im Grunde genommen genau diese freiheitlichen Grundsätze verraten und verkauft. Klone wie Herbert Scheibner oder Peter Westenthaler sind all jene, die in Wirklichkeit diesen absurden perversen Weg jetzt auch bedingungslos mit ihm mitverfolgen, mitgegangen sind zum BZÖ und im Grunde genommen keine eigenständige Linie beschritten und auch nicht den Mut gehabt haben, zur eigenen Freiheitlichen Partei und Gesinnung zu stehen. Sie schaffen es nicht, dieser Person eine Absage zu erteilen, die den eigenen freiheitlichen Weg ja schon vor langer Zeit verlassen hat.

Eigenständige Wiener FPÖ-Landesgruppe

Mölzer: Aber ich erinnere mich ganz gut, daß ja gerade in der damaligen Zeit, Anfang der neunziger Jahre, auch die Wiener FPÖ unter Pawkowicz eine gewisse Eigenständigkeit gegenüber der Bundespartei und gegenüber Jörg Haider gepflogen hat und auch damals schon Westenthaler und Scheibner die trojanischen Pferde des damaligen Bundesparteiobmanns Haider waren. Wie ist denn Dein Verhältnis damals zu Pawkowicz gewesen, wie hat es sich entwickelt?

Strache: Genau diese Eigenständigkeit, auf die waren wir immer stolz. Diese Eigenständigkeit galt es, gegen diese trojanischen Pferde zu bewahren, und uns letztlich gegen Scheibner, Westenthaler durchzusetzen. Da war ich natürlich auch als Junger, geprägt eben durch Dr. Rainer Pawkowicz, jemand, der da eine ganz wichtige Rolle in dieser Frage übernommen hat. Und diese Eigenständigkeit hat uns immer stark gemacht und, wenn man so will, war ich nicht nur später bei der Landtags- und Gemeinderatswahl 2005 der Retter von Wien, sondern auch zuvor ein Bestandteil, der diese Eigenständigkcit sicherzustellt und ein Bollwerk gegen die Beliebigkeit garantiert.

Mölzer: Die Wiener FPÖ war ja auch in der Haider-Ära sehr interessant. Ursprünglich relativ klein, getragen nur von Hirnschall und Pawkowicz, hat sie sich dann zu einer tendenziellen 30-Prozent-Partei entwickelt, und es ist Dir immerhin nach den großen Abstürzen und Glaubwürdigkeitsverlusten in der Regierungsphase ab 2000 wieder gelungen, bei der letzten Landtagswahl 15 Prozent, also ein großes Potenzial, zu retten. Wie beurteilst Du denn die Entwicklung der Wiener FPÖ von diesen frühen Tagen Deines politischen Aktivseins und der Zeit von Rainer Pawkowicz, wie siehst Du diese Wiener Partei?

Strache: Gerade Rainer Pawkowicz hat als Parteiobmann eine Ausnahmerolle dargestellt. Er war ein politischer Mann der feinen Klinge, ein hochintelligenter Mensch, auch eine Vaterfigur; jemand, der sowohl sozialpolitisch in die Arbeiterschicht hineinstoßen konnte, aber auch gleichzeitig beim Bürgertum große Akzeptanz hatte, er war ja auch Architekt.

Mölzer: Ein sehr kunstsinniger Mann und Maler ...

Strache: Wie wichtig Pawkowicz war, zeigt das Wiener Wahlergebnis von 1996. Damals hatten wir gleichzeitig die EU-Wahl, bei der der Stempel Haiders ganz massiv aufgedrückt worden ist und wir damals in Wien bei 24 Prozent zu liegen gekommen sind. Aber Rainer Pawkowicz als Spitzenkandidat hat bei der Landtagswahl im gleichen Jahr 28 Prozent erreichen können. Da erinnere ich mich an die Debatten, bevor der Spitzenkandidat in Wien festgesetzt wurde. Da erinnere ich mich auch an die Anekdote, daß Rainer Pawkowicz vorgeladen wurde bei Dr. Haider. Dieser saß damals an seinem Schreibtisch, Rainer Pawkowicz hatte mit Hilmar Kabas gemeinsam diesen Termin wahrgenommen und Rumpold und Meischberger waren dann die Gesprächspartner. Und ich erinnere mich auch, daß dort Rumpold und Meischberger auf Rainer Pawkowicz wild verbal einredend versucht haben, ihm klarzumachen, daß er nicht der geeignete Spitzenkandidat sei, denn er solle sich doch einmal ansehen ...

Mölzer: Ich glaube, der O-Ton von Rumpold war: „Wenn einer Pawkowicz heißt, kann er nicht Spitzenkandidat sein!" ...

Strache: Da waren mehrere Punkte, ja: „Wenn einer Pawkowicz heißt, wenn einer so aussieht wie er, dann kann man nicht Spitzenkandidat sein ..." Und das führte dann zu folgender Aussage, die Rainer Pawkowicz gegenüber Meischberger getätigt hat: „Weißt du, Walter, Dein Aussehen und meine Intelligenz, da wären wir wirklich unbesiegbar."

42

Wiener FPÖ – zwischen „kleinem Mann" und rechts-konservativem Bürgertum

Mölzer: Die Wiener Partei ist deswegen in dieser Phase so interessant gewesen, weil sie es geschafft hat, eine breite Wählerbasis, auch bei den ehemaligen SPÖ-Wählern, einfachen Leuten, beim sogenannten „kleinen Mann", auch bei den fleißigen, aufstiegswilligen Facharbeitern zu bekommen, auf der anderen Seite aber die Parteispitze sehr stark im traditionell national-freiheitlichen, auch waffenstudentischen Lager zu verankern. Wie siehst Du denn diese Besonderheit?

Strache: Ja, das hat die Stärke der Wiener Landesgruppe ausgemacht. Die eigenen Wurzeln nicht zu vergessen, sondern zu pflegen und letztlich hier wieder neue Triebe zu ermöglich. Und in dieser Verantwortung hat Rainer Pawkowicz gehandelt, er hat immer danach getrachtet, junge Menschen zu fördern – aber nicht diejenigen, die beliebig agiert haben. Und das hat er sich sehr genau angesehen und hat großen Wert darauf gelegt, gewissen Menschen in der politischen Arbeit Prüfungen mit auf den Weg zu geben und dafür Sorge zu tragen, daß man zuerst eben dienen und beweisen muß, daß man auch wirklich die Fähigkeit besitzt, dann später eine Position zu übernehmen. Und er hat mich dann in Folge nach 1996 in den Landesparteivorstand geholt und mir damals als jungem Menschen die Chance gegeben, mich hier maßgeblich einzubringen und vor allen Dingen viel von ihm zu lernen.

In der Tradition von 1848

Mölzer: Es ist sehr interessant, daß es im Zimmer des Klubobmanns, das Du inzwischen mit Deiner Arbeit ausfüllst, und das ich noch aus der Zeit von Rainer Pawkowicz kenne, dieses Gemälde der Akademischen Legion des

43

Revolutionsjahres 1848 hängt. In diesem Zusammenhang gibt es ja die berühmte Geschichte, heute leider zum Teil vergessen, daß diese akademischen Legionäre, diese Studenten, junge Burschenschafter, die Wiener Arbeiter über ihre Rechte als Menschen, über ihre Rechte als Bürger und frühdemokratische Rechte belehrt haben. Stehen wir auch ein bißchen in dieser Tradition, daß man sagt: Hier gibt es das national-freiheitliche Bürgertum und die Akademiker, gebildete Leute, die in sozialer Verantwortung für die einfachen Menschen, für die „kleinen Leute" kämpfen. Siehst du diesen Traditionsstrang in der Wiener FPÖ gewahrt?

Strache: Die 1848er-Revolution hat uns ja insofern geprägt, daß auch Menschen, die eine bessere Ausbildung haben, Akademiker sind, Menschen, die mehr Möglichkeiten haben, auch Verantwortung tragen für die Gesellschaft. Letztlich soll es da auch keinen Widerspruch geben, so wie die Sozialdemokratie das immer versteht und versucht, eine Klassengesellschaft herbeizureden. Der Arbeiter, der Akademiker, alle sozialen Schichten müssen ineinander funktionieren, damit eine Gesellschaft auch zukunftsfähig sein kann und da haben wir auch eine große Verantwortung und Aufgabe und da darf man niemanden geringschätzen oder höher bewerten. Jeder hat seine Funktion in der Gesellschaft zu erfüllen. Das ist wie bei einem Zahnrad: Wenn da ein Zacken bricht, dann funktioniert die gesamte Gesellschaft nicht. Was das betrifft, hat 1848 gerade auch unser Lager eine große Verantwortung gehabt, und diese Verantwortung haben wir in einer geminderten Form auch heute noch.

Mölzer: Die Kontinuität in der Wiener FPÖ ist ja in hohem Maß gegeben, weil die engsten Mitarbeiter und Mitstreiter von Rainer Pawkowicz, Hilmar Kabas und Johann Herzog nach wie vor politisch aktiv sind und bis heute nach wie vor zum engen Kreis von Mitkämpfern gehören. Ist diese Kontinuität sowohl weltanschaulich als auch personell eine Stärke?

Strache: Ja, das ist ganz wichtig. Man sieht das auch in der Wirtschaft sofort, wenn man Vorstände radikal austauscht und verändert und einen radikalen Verjüngungsprozeß ohne Kontinuität vornimmt: Dann bekommt man auch in der Privatwirtschaft und in vielen großen Konzernen sicher Probleme. Und das war ja auch immer die Stärke dieses Kontinuitätsdenkens, dafür Sorge zu tragen, daß das behutsam, schrittweise durchgeführt wird. Auch wenn ein Junger dann, nachdem er schon einiges bewiesen hat, die Chance bekommt, Verantwortung an der Führungsspitze zu übernehmen, greift er gerne begleitend auf die Erfahrung der älteren Generation zurück. Das macht die Stärke aus: diesen Erfahrungsschatz auch in Anspruch nehmen zu können. Denn es gibt ja den guten Spruch: Als junger Mensch will man die Welt niederreißen, aber wenn man ein bißchen auf die erfahrenen Älteren hört, dann erspart man sich manchmal, mit dem Kopf gegen die Wand zu laufen.

Prägung durch Liaison mit der Tochter Norbert Burgers

Mölzer: Der frühe politische Mensch Heinz-Christian Strache, der junge Wiener Kommunalpolitiker, ist auch durch sein Privatleben in diesen Jahren geprägt geworden, etwa durch die Beziehung zur Tochter des NDP-Chefs Norbert Burger. Wie ist denn das gelaufen?

Strache: Wo die Liebe hinfällt ... Im Rahmen des Festes zum 50. Geburtstag des Waffenbruders Norbert Burger habe ich seine Tochter kennengelernt, und es war eine große Liebe, die mir über den Weg gelaufen ist. Es war eine

Beziehung, die sieben Jahre gehalten hat und eine sehr schöne Zeit war. Aber ich war damals in einer Phase, in der ich mich sowohl beruflich im Aufbau befunden habe als auch politisch schon sehr stark engagiert war. Und natürlich ist das in dem geringen Alter in einer Partnerschaft dann nicht so leicht, daß der andere die Geduld hat, in diesen Aufbaujahren einer Beziehung zuzuwarten. Man kommt dann in eine Situation, in der man sich, wenn man wenig Zeit hat, auseinanderzuleben beginnt. So ist mir das in dem Bereich „Bindungen und Brechungen" leider Gottes zum Verhängnis geworden, und unsere Beziehung auseinander gegangen.

Mölzer: Ganz abgesehen von der Entwicklung dieser Jugendliebe ist es ja so, wenn man mit der Tochter einer – sagen wir es einmal so – nonkonformistischen Persönlichkeit wie Norbert Burger liiert ist, daß das nicht ohne Auswirkungen und ohne Einflüsse bleibt. Burger war doch einer, der einerseits aus seiner wissenschaftlichen Tätigkeit an der Universität Innsbruck als profunder Kenner etwa der Südtirolproblematik oder anderer Volkstumsprobleme in Europa galt, der aber als Politiker sehr umstritten war. Das galt insbesondere für seine Partei, die schließlich verboten wurde, allerdings auch dem Wirken Burgers selbst. Wie siehst Du denn die Persönlichkeit Burgers, wenn Du heute, 20 Jahre später, zurückblickst?

Strache: Ich habe ihn menschlich immer geschätzt. Ein großartiger Mann mit einem großen Herzen und einer absolut grenzenlosen Gutmütigkeit. Das war immer meine familiäre, persönliche Erfahrung, vor allem am Wochenende. Ich war ja sehr oft in Kirchberg am Wechsel, habe sehr, sehr viel Zeit mit seinen Töchtern verbracht. Er hat vier Töchter gehabt, und ich bin in diesem Familienverband sehr offen aufgenommen worden und habe natürlich dadurch auch vieles miterleben können. Viele Diskussionen, beispielsweise zum Südtiroler Freiheitskampf, wo er ja auch maßgeblich tätig war, und über viele Dinge, die heute historisch eigentlich gar nicht bekannt sind. So z. B., daß er, nachdem er steckbrieflich auch in Österreich gesucht wurde und ein Haftbefehl gegen ihn ausgeschrieben war, vom legendären Landeshauptmann Wallnöfer in dessen Haus versteckt wurde. Oder, daß er dann – zweieinhalb Jahre in Untersuchungshaft sitzend – erst durch einen Hungerstreik diesen Prozeß erzwingen mußte, um dann ein gerechtes Verfahren und einen Freispruch zu erhalten. Da hat im übrigen sein Anwalt wirklich eine großartige Verteidigungsarbeit geleistet. Aber ganz allgemein gab es natürlich viele Diskussionen. Er verfolgte politisch einen anderen Weg als ich, und wir haben in vielen Bereichen kontroverse Diskussionen gehabt. Er hat z. B. nicht verstanden, daß sich ein junger Mensch wie ich bei der Freiheitlichen Partei engagiert, und er auch eine viel konservativere, rückwärtsgewandtere politische Meinung als ich vertreten.

Mölzer: Heinz-Christian, das waren also Schlüsselsituationen in Deinem menschlichen, aber auch politischen Werdegang als junger Mann, als Mittzwanziger. Einerseits Deine Jugendliebe zur Tochter von Norbert Burger, auch der Kontakt mit Norbert Burger selbst, andererseits die Kämpfe gegen die Kräfte der Beliebigkeit in der Wiener FPÖ. Wie weit hat Dich das menschlich geformt?

Strache: Norbert Burger habe ich in diesem Familienverband im Grunde genommen bis zu seinem Tod begleitet. Er war ja am Ende schwer krank, hatte einen Gehirntumor, ist zweimal operiert worden vom bekannten Chirurgen Prof. Dr. Pendl, der ein Freund der Familie war. Ich habe am Wochenende immer der Familie bei seiner

Pflege geholten – vom Duschen bis zum Gewandanziehen. Und ich war auch an jenem Abend zu Hause bei der Familie, als er dann verstorben ist, um 3 Uhr in der Früh. Das war natürlich eine sehr große Belastung für alle, wo ich in diesem Familienverband versucht habe, so gut wie möglich zu helfen und die Familie zu begleiten.

Mölzer: Wie war das wirklich? Es gibt da eine Geschichte um den Tod von Norbert Burger, die sehr nachdenklich stimmt …

Strache: Die Töchter haben ihm am Abend vor der Todesnacht Geschichten vorgelesen, und da gab es eine Geschichte, die davon handelte, daß, wenn jemand von dieser Welt geht, und seine Seele seinen Körper verläßt, sich ein Schmetterling bilden und davonfliegen wird. Dies war dann insofern sehr berührend, weil in der Todesnacht um 3 Uhr in der Früh, als die Ehefrau uns geholt hat und wir zum Totenbett gekommen sind, wir in Folge einen großen Schmetterling Ende September in dem geschlossenen Raum gesehen haben – obwohl die Fenster zu waren. Das war ein Moment, in dem man sich Dinge nicht nur nicht erklären kann, sondern in dem man einfach berührt ist.

Grabenkämpfe in der Wiener Partei

Mölzer: Andererseits hat es in dieser Phase Deiner persönlichen und politischen Entwicklung Grabenkämpfe in der Wiener Parteijugend gegeben, in der Du auch politisch aktiv sein wolltest. Wie war denn das?

Strache: Die führenden Personen im Ring Freiheitlicher Jugend in Wien waren damals Westenthaler und Scheibner. Sie haben meine Anträge auf Aufnahme in den RFJ mehrmals verhindert. Es waren aber viele Intrigen gegen meine Person, die von dieser Seite ausgegangen sind. So auch in der Phase meiner Bezirksratskandidatur im Jahr

1991, wo die beiden Herrschaften mit bewußten Unwahrheiten versucht haben, mich damals bei der Parteiführung zu diskreditieren. Damals ist – für mich ganz entscheidend, und das werde ich ihm auch nie vergessen – Dr. Holger Bauer auf mich zugekommen und hat mich davon in Kenntnis gesetzt und gewarnt vor diesem – ich sage das bewußt – riesigen Intrigenspiel. Dieses konnte ich in Folge aufklären, und meine Kandidatur war so durch besagte Herren nicht mehr zu verhindern.

An der Schwelle zur höheren Politik

Mölzer: Damit steht also der Mittzwanziger Heinz-Christian Strache Mitte der neunziger Jahre vor einer Situation, in der er sich einerseits verstärkt in die Wiener Stadtpolitik und in die freiheitliche Landesgruppe integriert. In der er erste Anfeindungen von den Kräften der Beliebigkeit ihm gegenüber abzuwehren vermag, in der er im Privatleben eine große Jugendliebe hinter sich hat und an der Schwelle zur höheren Politik steht. Wie ist es denn von der Mitte der neunziger Jahre, Stichwort Gemeinderatswahl 1996, weitergegangen?

Strache: Ich habe mich im Jahr 1993 selbstständig gemacht mit einem zahntechnischen Unternehmen und habe mich natürlich voll und ganz auch auf den Aufbau und auf den Erfolg dieses Unternehmens konzentriert. Aber ich habe mich darüber hinaus nach dieser privaten Trennung noch stärker in die politische Arbeit vertieft und natürlich noch mehr Gelegenheit gehabt, mich in der Wiener Stadtpolitik zu engagieren. In Folge erhielt ich als junger Bezirksobmann der FPÖ-Landstraße die große Chance, durch die Wahlkandidatur zum Spitzenkandidaten für den Bezirk, den Einzug in den Landtag zu schaffen – damals mit 26 Prozent im 3. Wiener Gemeindebezirk.

Mölzer: Der junge Heinz-Christian Strache hat sich nach der Grundschule für den Beruf des Zahntechnikers entschieden. Er hat sehr bald die Abendschule besucht. Er war dann, bevor er das Wagnis der Selbstständigkeit und den Weg zum Unternehmer beschritten hat, auch vor die Frage gestellt, ob er nicht doch ein Studium beginnen und sich damit den Geisteswissenschaften widmen soll. Wie ist es denn zu Deiner Entscheidung gekommen?

Strache: Ich war damals noch unschlüssig, welchen Weg ich beschreiten möchte.

Mölzer: Wann war das ungefähr, in welcher Phase?

Plan, Geschichte und Philosophie zu studieren

Strache: Es war die Phase zwischen 1990 und 1992, als ich diverse Studienberechtigungsprüfungen abgeschlossen habe, weil mir noch nicht klar war, welchen Zweig ich einschlagen will. Klar war, daß ich Geschichte machen wollte, unklar war, welches zweite Fach dazu. Da habe ich mich letztlich in den philosophischen Bereich geworfen und habe dann eben daneben präventiv begonnen, als außerordentlicher Hörer unter anderem die „Einführung in die Geschichte" bei Professor Brunner in Angriff zu nehmen. Worauf dann aber in Folge eigentlich doch eher die praktischen Überlegungen bei mir im Vordergrund standen. Nämlich auf der einen Seite zu erkennen, daß ich mir eine Lebensstellung aufbauen mußte, von zu Hause auch nicht die notwendige finanzielle Unterstützung hatte und daher der Weg in Richtung Selbstständigkeit bei mir eine immer größere Rolle gespielt hat. Mit dem Wissen, daß das Interesse für Geschichte und Philosophie auch etwas darstellt, was man als Hobby bezeichnen könnte und, wenn man diese berufliche akademische Laufbahn in Angriff nimmt, in Folge durchaus brotlos bleiben könnte, habe ich die Entscheidung getroffen, lieber meinen Beruf als Zahntechniker zu nützen, um mich selbstständig zu machen.

Mölzer: Sind die Geschichte und die Philosophie weiter Konstanten in Deinen Interessensbereichen geblieben, bis herein in die hohe politische Tätigkeit?

Strache: Schon auch, natürlich nicht in der vertieften Form von damals, aber es ist immer interessant, philosophische Bücher zu lesen und sich ein bißchen damit auseinanderzusetzen.

IV. Welt- und Menschenbild

Freiheitlicher durch und durch!

Mölzer: Da haben wir also Mitte der neunziger Jahre des vorigen Jahrhunderts, muß man bereits sagen, einen Mittzwanziger, der bereits eine berufliche Karriere hat, einen entsprechenden menschlichen Werdegang aufweist und der nunmehr in die Politik einsteigt, in die freiheitliche Politik, in die Politik der Wiener FPÖ. Wie ist denn das Menschenbild, wie ist denn die Weltanschauung dieses jungen Mannes, der sich da entschließt in die Politik zu gehen? Was unterscheidet ihn denn von Altersgenossen, die etwa bei den Sozialdemokraten oder auf der Linken, bei den Grünen oder bei den Christdemokraten politisch aktiv werden? Warum ist der 25-, 26-, 27-jährige Heinz-Christian Strache zwingend ein Freiheitlicher?

Strache: Was ist der Unterschied zwischen dem jungen HC Strache und den anderen Mitbewerbern in der politischen Auseinandersetzung? Im Grunde genommen war und ist damals schon erkennbar gewesen, daß sich die anderen politischen Parteien nicht voneinander unterscheiden und daß der Mensch als solcher auch immer stärker in den Hintergrund gedrängt wird. Der Mensch wird von der Gesellschaft ausgebeutet und sein Wert verliert immer mehr an Bedeutung. Das Revoluzzerhafte war, gegen den Zeitgeist aufzutreten, weil natürlich nur die Meinungen der Großparteien Geltung gehabt haben, gerade zu diesem Zeitpunkt. Und wir waren natürlich „revolutionäre Außenseiter", Geächtete, Menschen, die sich politisch engagiert haben, die Heimatbewußtsein an den Tag gelegt haben, die Werte mitgebracht haben, ob das jetzt der Bereich der Familie ist, als ein hoher Wert, ob das der Bereich der Freiheit ist, als das höchste Gut. Natürlich war diese Zeit eine sehr spannende, in der ich viele Hoffnungen hatte, daß die Freiheitliche Partei der neunziger Jahre anders ist, sich von den anderen Parteien, dem politischen Establishment, in diesen Fragen unterscheidet, hier wirklich einen inhaltlichen Weg beschreitet und ehrlich versucht, den Menschen Zukunftsperspektiven mitzugeben. Das war eine schöne und interessante Aufbruchzeit. Viele mußten später große Enttäuschungen erleben, weil die höhere Führungsspitze dem nicht gerecht geworden ist.

Mölzer: Das klingt jetzt aber ein bißchen allgemein. Das erinnert so an die damaligen Schlagworte, unter denen die freiheitliche Politik unter Jörg Haider, aber auch natürlich in der Stadt Wien unter Rainer Pawkowicz, gestanden ist. Das klingt so nach politischer Erneuerung, nach anderer Politik, nach neuer Politik. Was wäre den anders gewesen, was wäre denn neu gewesen?

Familie als organische Struktur eines Volkes erhalten

Strache: Die Familie und das Volk als organisch gewachsene Struktur zu erhalten. Gerade in einer Zeit, in der wir erleben müssen, daß sich durch Globalisierung, durch Völkerwanderung das politisch-ideologische Bild der politischen Mitbewerber verändert. Diese sind der multikulturellen Gesellschaft angehangen, und erkennen langsam, daß Multikulti eine Sackgasse ist – etwas, das wir von Anfang an wußten und wovor wir immer gewarnt haben. Wir haben erkannt, daß in Europa eine multikul-

54

turelle Gesellschaft gebaut werden soll, die letztlich organisch gewachsenen Vaterländer in Europa und dadurch die
soziale und kulturelle Politik auch zwangsläufig verändern
wird. Da haben wir eine große Verantwortung, dem ent-
gegenzutreten und wieder stärker in Richtung Wiederbe-
lebung der Nationalstaaten zu wirken.

Mölzer: Das klingt nach jener Debatte, die Mitte der
neunziger Jahre über die Identität geführt wurde – über
nationale Identität, über kulturelle Identität, über soziale Identität. Und die Freiheitlichen, die damals auch als
Erneuerungsbewegung, als Fundamentalopposition aufgetreten sind, haben ja doch die Frage der Identität der
Österreicher stark in den Mittelpunkt gestellt. Wie siehst
du denn diese Identitätsproblematik?

Strache: Das ist eine große, eine schwierige Frage. Denn,
wenn wir heute und damals das Verhalten der politischen
Mitbewerber beleuchten, so kann man sagen: Sie schätzen
jede Kultur, nur nicht die eigene. Das ist ja auch der Kri-
tikpunkt: Wir sagen, daß man auch allen Grund hat, auf
die eigene Kultur und Identität stolz zu sein, ohne sich
schlecht zu fühlen, ohne sich selbst geißeln zu müssen,
sondern ganz im Gegenteil, diese Heimat, diese eigene
Kultur und Identität zu schätzen und dafür Sorge zu tragen, daß sie auch eine Zukunft hat, für unsere Kinder und
Enkelkinder. Das ist heute in vielen Bereichen gefährdet.
Wenn wir die Entwicklungen der unkontrollierten Massenzuwanderung hernehmen, und dabei erkennen können,
daß hier offensichtlich das Interesse der Wirtschaft im
Vordergrund steht und billige ausländische Arbeitskräfte ins Land geholt wurden, damit die Wirtschaft einen
Vorteil hat, aber am Ende dann die vielen Probleme auf-
getaucht sind, die wir heute stärker denn je erleben. Das
beginnt im Kindergarten, wo wir schreckliche Situationen

vorfinden, Integration nicht funktioniert, sondern Paral-
lelgesellschaften entstanden sind – teilweise auch gefördert werden vom politischen Establishment – bis hinein in
den Schulbereich, wo wir bei der PISA-Studie ja auch die
Ergebnisse heute vorliegen haben und sehen, daß die Integration gescheitert ist. Daß Kinder der deutschen Sprache
nicht mächtig sind, daß dadurch ein Leistungsabfall in der
Schule radikal erkennbar geworden ist und insgesamt dann
in weiterer Folge immer mehr junge Menschen, zugewan-
derte, aber auch österreichische durch einen niedrigeren
Bildungsstand dann in Folge bei ihrer Berufssuche und
Entwicklung Nachteile haben. Viele junge Leute tun sich
schwer, eine Lehrstelle zu finden, weil sie vielleicht auch
zu wenig an Bildung mitbringen und abgelehnt werden.
Und das ist eine Kette, die heute alle Lebensbereiche betrifft, und zwar stärker denn je.

Das Scheitern der multikulturellen Gesellschaft

Mölzer: Das heißt: Fundamentale Kritik an der Mi-
grations- und Zuwanderungsgesellschaft, die man früher
glorifizierend „multikulturelle Gesellschaft" genannt hat,
um die Gefährdung unserer nationalen, kulturellen, historisch gewachsenen, sozialen Identität als Österreicher,
als Europäer hintanzuhalten. Kampf gegen die Zuwanderungsgesellschaft, Kampf für die eigene Identität. Ist das
so richtig?

Strache: Die multikulturelle Gesellschaft ist gescheitert, und es ist interessant, daß heute politische Kräfte in
Deutschland, die teilweise aus dem sozialdemokratischen
Bereich kommen, das längst schon eingestehen und ein
Ende dieses Experiments auf dem Rücken der Menschen
dort bereits gefordert wird. Wir waren die ersten Warner
und man hat uns dafür beschimpft. Heute haben wir leider

Gottes Recht behalten. Wir sind im christlichen Abendland von der Aufklärung geprägt, und man muß festhalten, daß bei Zuwanderern aus dem europäischen Bereich, die aus ähnlichen, nahestehenden Kulturräumen kommen und keine Glaubensunterschiede mitbringen, die Integration ja auch durchaus funktioniert und auf Dauer bei zugewanderten Kroaten, Ungarn, Tschechen oder Polen keine Probleme entstehen, sondern da nach ein, zwei Generationen, wenn man so will, eine Anpassung stattgefunden hat und es ein Aufgehen in unserem Kulturraum gibt. Das sind nicht die Probleme in Sachen Zuwanderung, sondern wir haben Probleme durch Massenzuwanderung von außerhalb Europas. Aus der Türkei, aus anderen islamischen Ländern, aus Afrika. Und deshalb bin ich auch der Meinung, daß wir eine Zuwanderung von außerhalb Europas stoppen müssen und darüber nachdenken müssen, nach den Fehlentwicklungen der Vergangenheit eine Minuszuwanderung vorzunehmen. Das ist übrigens auch eines der „Unwörter" des letzten Jahres gewesen — was zeigt, wie wenig der Zeitgeist bereit ist, die Probleme beim Schopf zu packen. Ich meine, daß das ein richtiges und wichtiges Wort ist, weil es auf den Punkt bringt, daß Menschen, die zu uns gekommen sind, nicht in unseren Kulturraum passen, nicht integrationsbereit oder anpassungswillig sind und auf Dauer auch nicht bereit sind, in unserer Gesellschaft etwas beizutragen durch ihre Arbeitskraft, hier auch nichts verloren haben und im Grunde genommen wieder zurückkehren sollten in ihre Heimat.

Mölzer: Auf Dein Welt- und Menschenbild umgelegt, heißt das, daß der Mensch berechtigt ist und befugt ist, das Eigene, das kulturell-geistig Eigene, aber auch das biologisch Eigene, etwa in der Form eigener Kinder, zu bevorzugen gegenüber dem Fremden, gegenüber Zugewanderten, gegenüber der Tendenz, etwa Kinder aus der Dritten Welt zu adoptieren. Heißt das für Dich, daß die Erhaltung des eigenen Volks in der sowohl sozialen, kulturellen, historischen Identität als auch in der genetischen ein Wert ist?

Strache: Die Grenze ist die eigene Familie und dann in späterer Folge, der eigene Stamm, das eigene Volk und da in Folge die europäischen Völker. So muß man das sehen. Bei der Demokratieentwicklung, die wir heute erleben, muß man als Politiker, der ja auch auf die Verfassung einen Eid geschworen hat, dafür Sorge tragen, daß die eigene Bevölkerung Förderungen erhält. Daß für die Förderung der eigenen Familien alles getan wird und man nicht, so wie das die Grünen oder auch andere politische Mitbewerber verlangen, sagt, man wolle keine eigene Familienförderung betreiben, weil man bräuchte ja nur Zuwandererkinder mit ihren Eltern ins Land lassen und damit wären alle Sorgen und Probleme gelöst. Das ist ein Unsinn, und das lehnen wir radikal ab. Und Univ.-Prof. Herwig Birg sagt es das auch. Er ist sicher unverdächtig, ein Freiheitlicher zu sein und hat bei den deutschen Grünen auf deren Parteitag einen Vortrag gehalten zum Thema Demographieentwicklung. Er sagt, die Probleme können nicht durch Zuwanderung gelöst werden, sondern ganz im Gegenteil, sie werden durch sie verschärft. Wir haben heute die Verantwortung, familienpolitische Maßnahmen zu setzen, damit in 75 Jahren, also erst in einem Dreivierteljahrhundert, die ersten Erfolge sichtbar werden können. So lange dauert das in diesem Bereich, wenn wir unserem eigenen Volk auch eine Zukunft geben wollen durch mehr Kinder.

Hierarchie der Gemeinschaften

Mölzer: Jetzt ist bereits viel von Familie und von eigenen Kindern die Rede. Die FPÖ definiert sich gegenwärtig auch als eine soziale Heimatpartei. Sozial heißt gemeinschaftlich, heißt Gemeinschaft, Gesellschaft, und Heimat bedeutet auch Gemeinschaft, geistige Bindung. Wie sehen denn diese Gemeinschaften, denen sich jetzt der Politiker Heinz-Christin Strache und die von ihm geführte FPÖ verantwortlich fühlen, aus? Gibt es so etwas wie eine Hierarchie der Gemeinschaften, wo beginnt es? Bei der Familie, hast Du gemeint ...

Strache: Natürlich bei der Familie, denn das ist die wichtigste soziale Grundlage einer Gemeinschaft. Die Familie ist die kleinste gemeinsame Zelle. Wenn diese als Einheit nicht mehr funktioniert, geht auch unsere Gesellschaft zugrunde. Das ist ja die Lehre der letzten Jahrzehnte: Man hat gut daran gearbeitet, die Familie zu zerstören. Wir haben ja auch, gesamt gesehen, in der Gesellschaft Fehlentwicklungen, wie Kinder in zerrütteten Familiensituationen, in denen jeder nur mehr Zeit für seinen Vorteil hat und nicht mehr für die Kinder. Dann gibt es auch Fehlentwicklungen, bei denen Kinder schwererziehbar werden, gewaltsame Hilfeschreie von sich geben und verhaltensauffällig werden. Deshalb ist es so wichtig, dafür Sorge zu tragen, daß die Familie wieder gestärkt wird, damit auch die Gesellschaft wieder an Stärke, das Fundament insgesamt, erhält.

Mölzer: Nun ist es ja gerade in der gegenwärtigen Diskussion, etwa durch das Buch des FAZ-Herausgebers Schirrmacher so, daß es wieder ins allgemeine Bewußtsein dringt, daß man nur in der Familie Altruismus, Selbstlosigkeit, Nächstenliebe, Hilfsbereitschaft lernt. Dieses Bewußtsein ist da, auf der anderen Seite wissen wir, daß es die heile Familie immer weniger gibt. Heinz-Christian Strache stammt aus einer Scheidungsfamilie, so wie auch ich selbst. Du bist selbst geschieden und kennst die Krämpfe und Kämpfe, die Schwierigkeiten, die sich für einen selbst als Mensch, auch für die Frau und vor allem für die Kinder ergeben. Wie gehen wir denn mit diesem Phänomen um, daß wir einerseits für die Familie, ihre Erhaltung, ihre Stärkung eintreten, andererseits ständig und auch selbst persönlich mit der Realität konfrontiert sind, daß man dieses Ideal nur sehr schwer durchhalten und leben kann?

Strache: Ich glaube, jeder Mensch, der einen Lebenspartner kennen und lieben lernt, hat natürlich das höhere Ziel, das tiefe Verlangen, mit diesem Menschen ein Leben lang glücklich zu sein, alle Höhen und Tiefen gemeinsam zu meistern und bis zum Lebensabend zusammen zu bleiben. Daß heute in unserer Zeit immer mehr Ehen scheitern, das liegt leider Gottes auf dem Tisch. Jede zweite Ehe scheitert heute in Österreich und das zeigt, wie schnelllebig unsere Gesellschaft geworden ist und wie leicht man offensichtlich bei Problemen die Flinte ins Korn wirft, anstatt zu kämpfen, anstatt zu verstehen, daß es immer Höhen und Tiefen gibt und daß nach jedem Tief auch wieder ein Hoch kommt, wenn man bereit ist dieses gemeinsam zu durchschreiten. Heute ist es leider so, daß man in unserer Zeit viel weniger bereit ist, Probleme gemeinsam durchzustehen.

Mölzer: Ist das auch Selbstkritik?

Strache: Sicher auch Selbstkritik. Selbstkritik auch dahingehend, daß man natürlich auch beruflich in der jeweiligen Situation – und ich würde jetzt also meine Situation nicht als Beruf betrachten, sondern eher als Berufung – dann zeitlich so intensiv zum Einsatz kommt, daß natürlich die Familie darunter leidet, jede Beziehung darunter leidet. Man muß eben, wenn man zeitlich so eingesetzt ist wie ich, dann so gut wie möglich dafür Sorge tragen, die wenige Zeit, die man dann hat, sehr qualitativ vor allem mit den Kindern zu verbringen. Da bemühe ich mich bis heute sehr darum.

Mölzer: Nun ist es ja so, daß wir in einer Zeit leben, in der jetzt nicht nur traditionelle Familienbilder wie die Kleinfamilie Vater, Mutter, Kind oder auch die traditionelle Großfamilie mit mehreren Generationen existieren, sondern auch Phänomene wie die sogenannte Patchwork-Familie, verschiedene Partnerschaften im Zuge eines Lebens, verschiedenste Kombinationen von Kindern aus erster, zweiter Ehe, mitgebrachte Kinder, Stiefkinder etc. Auch das ist ja Familie. Wie sollen wir denn mit diesem neuen Phänomen umgehen?

Strache: Auch ich habe quasi schon eine Patchwork-Familie gehabt. Ich habe damals meine Ex-Frau Daniela auch mit zwei Kindern, die sie aus ihrer ersten Ehe mitgebracht hat, geheiratet. Und wir haben dann in Folge zwei gemeinsame Kinder bekommen. Das ist natürlich so, wie Du richtig gesagt hast, daß man dann die Kinder, die mitgebracht worden sind, auch wenn es nicht die eigenen leiblichen Kinder sind, wie die eigenen betrachtet. Das ist in unserer Gesellschaft so, daß man, wie man das auch so ausspricht, durchaus immer häufiger Lebensabschnitts-partnerschaften erlebt und das einiges verändert hat.

Ehe ein wichtiger Wert

Mölzer: Da sind wir wieder bei der Gesellschaftspolitik. Sollten solche eher offene, zeitlich begrenzte Partnerschaften der klassischen Ehe gleichgestellt werden?

Strache: Nein, denn die klassische Ehe hat ihren Wert

insofern, als sie einen besonderen Schritt setzt und dahinter gewisse Förderungsangebote stehen. Es muß jeder für sich persönlich die Entscheidung treffen, ob er den Schritt einer Ehe oder den Weg einer normalen Partnerschaft und Gemeinschaft beschreiten will. Das sind eben auch schwerwiegende Entscheidungen, die man zu treffen hat.

Mölzer: Aber worin liegt die besondere Förderungswürdigkeit der Ehe – ich rede jetzt gar nicht vom christlichen Sakrament, sondern ich spreche vom staatlichen Vertrag – wenn die Ehe jederzeit gebrochen und jederzeit aufgelöst und damit beendet werden kann, im Vergleich zu einer normalen, „unlegitimierten" Partnerschaft, beschränkt auf einen Zeitraum?

Strache: Wenn man sich auf den Weg zum Standesamt begibt, zur Ehe, hat man schon zumindest eine vertragliche Form, die man eingeht und einen moralisch höheren Wert zum Partner geschaffen. Dahinter steht auch eine andere Konsequenz, wenn man dann diese Ehe bricht, verläßt oder beendet.

Mölzer: Du meinst jetzt insbesondere im gegenwärtigen Rechtssystem die Männer, die ja im Falle einer Ehescheidung zumeist mit schwerwiegenden finanziellen bis hin auch zu sozialen Problemen führenden Folgen zu rechnen haben, und in Bezug auf die Kinder zumeist sehr benachteiligt sind. Du meinst also, daß allein die schwerwiegenden Folgen im Falle des Bruchs einer ehelichen Gemeinschaft auch eine besondere Förderung vorher legitimieren?

Strache: Es kommt vor in unserer Gesellschaft, daß durch Scheidungssituationen oftmals ganze Familienverbände davon betroffen sind, ihre Kinder nicht mehr zu sehen. Das Kind nicht mehr zu sehen, davon sind auch Großeltern betroffen, wenn das Kind als Waffe eingesetzt wird in solchen Trennungsphasen oder Scheidungsphasen.

Das sind sehr schwierige Situationsbilder, die da heute in unserer Gesellschaft vorhanden sind. Es gibt hunderttausende Österreicher, die durch solche Trennungen und Scheidungen betroffen sind, hier Benachteiligungen insofern erleiden, als daß man nicht mehr das Recht hat, sein Kind regelmäßig zu sehen, weil es zum Teil keine gemeinsame Obsorge gibt. Deswegen wäre meiner Meinung nach der Weg der gemeinsamen Obsorge das Richtige. Ein Weg, den wir Freiheitlichen auch immer forciert haben, um beide Elternteile und auch die Familien, die dahinter stehen, letztlich dahingehend abzusichern, daß sie ihre Kinder und Enkelkinder sehen und den Kontakt pflegen können.

Mölzer: Du brichst also jetzt eine Lanze für die geschiedenen Väter in Hinblick auf ihre Rechte, betreffend der Kinder?

Strache: So ist es, ja!

Kein Verständnis für die Homo-Ehe

Mölzer: Wenn wir schon bei Partnerschaften sind: Böse Zungen behaupten, nachdem die Zahl der Eheschließungen dramatisch zurückgeht, daß in unserer Gesellschaft nur mehr katholische Priester und Homosexuelle heiraten wollen. Wie siehst du denn die Frage der Legitimierung von gleichgeschlechtlichen Partnerschaften?

Strache: Also dafür habe ich überhaupt kein Verständnis. Denn die Ehe hat eben diese Sonderstellung, und ist dazu da, daß hinter der Eheschließung auch die Förderung steht, daß sich hier zwei Menschen dazu entschlossen haben, einen gemeinsamen Eheweg zu beschreiten, um Leben zu schenken und damit unserer Gesellschaft Zukunft zu geben. Ich habe noch nicht gehört, daß homosexuelle Partnerschaften dazu imstande wären, Kinder in die Welt zu setzen. Alleine schon dieses Ansinnen ist ein sehr unsinniges und eigenartiges, bei dem ich kein Verständnis habe, eine Gleichstellung vorzunehmen, weil es keine Gleichstellungsmöglichkeit gibt, weil es auch keine Gleichheit gibt. Selbstverständlich sollen allen Partnerschaften Grundrechte zustehen, den Lebenspartner bei Krankheit im Spital besuchen zu können, oder beim Notar festzumachen, daß im Falle des Ablebens dem andern Lebenspartner auch etwas von der Erbschaft zu übertragen ist und man auch über den Notar Mietrechtsangelegenheiten festmachen kann. Das soll selbstverständlich allen Lebenspartnerschaften zustehen, die nicht den Weg der Ehe beschritten haben.

Mölzer: Aber keine rechtliche und keine ethische Gleichstellung von gleichgeschlechtlichen Partnerschaften mit der klassischen Ehe?

Strache: Auf keinen Fall.

V. Der Heimat im Wort

Die Wiener Heimat von Strache

Mölzer: Wenn wir weiter über diese Hierarchie der Gemeinschaften, für die sich die Freiheitlichen und der freiheitliche Politiker Heinz-Christian Strache verantwortlich fühlen, sprechen, dann wäre eigentlich nach der Familie die Heimat, in dem Fall Deine Wiener Heimat, abzuhandeln. Wir haben ja schon über Deine Beziehung zu Deinem engeren Heimatbezirk Erdberg gesprochen, was bedeutet denn Wien insgesamt für den Mensch und für den Politiker Strache?

Strache: Wien zählt für mich zu den schönsten Städten der Welt und hat immerhin auch historisch eine große Bedeutung gehabt. Also architektonisch ist die Stadt sehr, sehr spannend gestaltet, und wir haben in Wien ja nicht umsonst auch historisch eine sehr große Bedeutung gehabt als Reichshauptstadt des Heiligen Römischen Reiches Deutscher Nation 500 Jahre lang, da kann man ja durchaus festhalten, daß da Berlin nicht mithalten kann. Und diese Sonderstellung haben wir auch in der Geschichte gehabt. Wir haben in der Geschichte auch insofern Historisches geleistet, indem wir zwei Anstürme der Türken auf Europa zurückwarfen. Wie wichtig Wiens Widerstand war, zeigt das signifikante Beispiel von Perchtoldsdorf. In der Nähe Wiens gelegen, wurde dessen Wehrturm, in den sich die Ortsbevölkerung geflüchtet hatte, von den Türken belagert. Die Perchtoldsdorfer ergaben sich, nachdem die

Zahlung einer hohen Geldsumme und im Gegenzug die Verschonung ausgehandelt worden waren. Unmittelbar nach der Entwaffnung setzte ein furchtbares Massaker ein, lediglich junge, attraktive Frauen wurden verschont, da man sie in die Sklaverei verkaufte. Heute noch erinnern einige Gedenkstätten und -tafeln in Perchtoldsdorf an die Greuel des Jahres 1683. Das Wiener Umland war damals von den Türken derart entvölkert worden, daß die unbeerdigten Toten, von streunenden, hungrigen Hunden schlimm zugerichtet, noch monatelang auf den Straßen lagen. Wien tat gut daran, sich nicht zu ergeben, obwohl man nichts mehr zu essen hatte und die Menschen von Krankheiten dahingerafft wurden. Wien hat damals auch historisch gesehen als Bollwerk gegen die Islamisierung Europas eine zentrale Rolle für das gesamte Abendland gespielt. So sehe ich auch heute unsere Positionierung, aber auch meine politische, von Wien ausgehend. Es geht darum, als Retter von Wien auch dafür Sorge zu tragen, daß wir uns gegen eine Islamisierung wehren, nicht nur in Wien, sondern in ganz Österreich. Das ist der Kulturkampf, den ich heute einfach wahrnehmen muß, denn leider Gottes gibt es gravierende politische Fehlentwicklungen und da haben wir wehrhaft zu sein. Da haben wir zu erkennen, daß es an der Zeit ist, den Kampfanzug anzuziehen, symbolisch gesehen, und uns gegen diese Fehlentwicklungen auch mutig zu wehren.

Mölzer: Vom Grafen Starhemberg zu Heinz-Christian Strache?

Strache: Man könnte auch Prinz Eugen nennen.

Mölzer: Wien ist aber nicht nur Bollwerk, sondern natürlich auch Brücke zu weiten anderen Bereichen im Osten und Südosten Europas, als Hauptstadt der Habsburgermonarchie, der Donaumonarchie. Wie siehst Du denn diese Funktion?

Wien zwischen Bollwerk und Brücke

Strache: Wir haben in dieser Phase natürlich schon ein Reich entstehen sehen, das multikulturell ausgerichtet war und wie jede multikulturelle Gesellschaft davor und danach auf Dauer gescheitert ist. Auch das multikulturelle Staatengebilde der Habsburger zerbrach an seinen kulturellen, sozialen und politischen Zerwürfnissen. So ist die Republik Deutschösterreich überhaupt erst entstanden, getragen vom Wunsch und der idealistischen Idee aller europäischen Völker, unter jenen mit der gleichen Sprache und Kultur zu leben.

Mölzer: Du hast allerdings gemeint, daß also sehr wohl diese ständige Fluktuation der Bevölkerung aus den benachbarten Räumen, in dem Fall konkret Tschechen, Slowaken, Ungarn, Slowenen, Kroaten usw., daß das kein Problem sei, sondern etwas Natürliches. Was bedeutet das in diesem Zusammenhang?

Strache: Man kann am Beispiel des Wiener Bürgermeisters Karl Lueger festmachen, daß die Stadt von den Zuwanderern die Anpassung unmißverständlich eingefordert hat, was auch gut funktionierte. Integration ist zum einen eine Bringschuld der Menschen, die zu uns gekommen sind, aber auf der anderen Seite muß es die jeweilige politische Zuständigkeit auch einfordern. Wenn man diese Vorgaben mit auf den Weg gibt, dann klappt das. Und das hat ja auch in der Geschichte durchaus funktioniert. Wenn wir heute ins Wiener Telefonbuch schauen, sind es zwar nicht so dominant viele tschechische Namen wie immer vom jeweiligen Bürgermeister und diversen anderen Genossen unsinniger Weise behauptet wird, es waren aber um die hunderttausend Tschechen, die damals nach Wien gekommen sind – und deren völlige Integration auch in Folge stattgefunden hat. Heute sind sie stolze Österreicher, die keinen tschechischen Bezug mehr haben.

Mölzer: Du sprichst dann aber eigentlich nicht nur von Integration, sondern auch von Assimilation, das heißt vom Aufgehen in der autochthonen Bevölkerung.

Strache: Ja natürlich, das hat früher in großen Dimensionen funktioniert, weil man das politisch so wollte, und die Menschen, die sich hier niederlassen wollten, das so auch zur Kenntnis genommen und gelebt haben.

Mölzer: Freiwillig.

Strache: Freiwillig. Wem es bei uns nicht paßt, der kann ja jederzeit gehen.

Mölzer: Wie siehst Du denn Wiens Rolle im Zwiespalt oder im Spannungsfeld zwischen internationaler Großstadt mit UNO-Standort und dergleichen und andererseits der Hauptstadt der kleinen Republik Österreich?

Strache: Wien hat natürlich einen große Stellenwert, etwa durch den angesprochenen UNO-Sitz. Von dieser Hauptstadt ausgehend erlangten wir auch durch die Politik Bruno Kreiskys international einen großen Stellenwert, weil wir als Vermittler große Akzeptanz hatten. Das wird heute politisch verspielt durch das Aufgeben der Neutralität. Aber auch anderweitig, kulturell, hat Wien eine einzigartige Stellung. Sie ist Welthauptstadt der Musik. Die große Bedeutung betrifft aber auch den architektonischen Bereich. Der Wiener Innenstadt wurde jetzt schließlich das Prädikat des UNESCO-Weltkulturerbes verliehen worden. Da hat man auch dafür Sorge zu tragen, diese Einzigartigkeit, diese historisch gewachsene Baustruktur zu erhalten – den historischen Stadtkern zu bewahren und nicht durch Sparmaßnahmen zu verschandeln und zu zerstören, indem man etwa ohne jede Rücksicht Hochhäuser wie Zahnstocher entstehen läßt. Und natürlich hat man auch die Einzigartigkeit Wiens schon dahingehend sicherzustellen, daß die Wiener Kultur in der eigenen Stadt nicht zu etwas Fremdem degradiert wird. Und das ist ja das, was wir heute erleben müssen: Daß in vielen Bezirksbereichen und Teilen Wiens die eigene Bevölkerung schon zur Minderheit geworden ist. Da sind nicht jene Menschen daran schuld, die hereingelassen wurden, sondern da sind die politisch Zuständigen zur Verantwortung zu ziehen für diese Fehlentwicklungen. Wir haben dafür Sorge zu tragen, daß der echte Wiener nicht untergeht, wie ich das auch in der Wiener Wahlauseinandersetzung versucht habe, deutlich zu machen. Das stellt für uns ein großes Ziel dar.

Patriot für rot-weiß-rot

Mölzer: Gehen wir kurz in dieser Hierarchie, bei diesen konzentrischen Kreisen der Gemeinschaften von Wien zu unserem Vaterland Österreich, zu dieser Republik, in der wir alle groß geworden sind und in dem wir eigentlich ein sehr schönes und erfülltes Leben führen dürfen. Wie ist denn Dein Verhältnis zu Österreich?

Strache: Ich bin ein Patriot für rot-weiß-rot. Diese Heimat Österreich ist eine wunderschöne Heimat, auf die man mit Recht stolz sein kann. Es ist ein Glück, hier leben zu können. Auch von der Natur her findet man hier Großartiges, von malerischen Seen- und Berglandschaften, bis hin zu wunderschönen Städten. Letztere bereichern mit ihren Menschen in allen Bundesländern die Vielfalt in diesem kleinen Raum Österreich, mit allen unterschiedlichen Dialekten, Bräuchen und auch Charakteren. Aber natürlich sind wir, gesamt gesehen, auch Teil des deutschen Kulturraums. Und so wie der Bayer auch zu Recht patriotisch

69

und in erster Linie Bayer ist, so ist ihm auch bewußt, daß er einen Teil des deutschen Kulturraums darstellt. Das ist schon auch wichtig, denn wir sprechen ja nicht zufällig die deutsche Sprache, und das sollten wir auch durchaus ernstnehmen.

Mölzer: Wenn ich Dich recht verstehe, heißt das, daß Dein österreichischer Patriotismus, Dein rot-weiß-roter Patriotismus durchaus als Teil eines gesamtdeutschen Volks- und Kulturbekenntnisses und -begriffes zu verstehen ist?

Strache: Ja.

Mölzer: Der Wiener wird ja im übrigen Österreich, in den Alpenländern, bisweilen nicht sonderlich geliebt. In der Zwischenkriegszeit hat man vom „Wasserkopf Wien" gesprochen, und manchmal ist es speziell im politischen Bereich so, daß man in Tirol, in Kärnten, in der Steiermark, in Salzburg mit diesem Anti-Wien-Reflex sogar ganz gut Politik betreiben kann, gegen die „Großkopferten da draußen" usw. Wie lebt denn der aus Wien kommende Bundesobmann einer doch in den Ländern sehr starken Partei mit diesem Anti-Wien-Vorurteil?

Strache: Ich verstehe dieses Vorurteil und ich verstehe auch die Kritik, denn den Wasserkopf gibt es in Wien tatsächlich. Das betrifft die Bundesregierungsebene, aber auch, wenn wir uns den städtischen Verwaltungsapparat eines Bürgermeister Häupl ansehen, ist der Wasserkopf ein sichtbarer. Besucher aus den Bundesländern fragen mich im Rathaus oft, rein interessehalber, wieviele Gemeindebedienstete es in Wien gibt. Sie fragen dann immer noch einmal nach, weil sie die unglaubliche Zahl von 65.000 Gemeindebediensteten nicht fassen können. Wie gesagt, ich verstehe die Sichtweise in den anderen Bundesländern und kämpfe ja selbst gegen aufgeblähte Apparate. Und ich bin zwar in Wien geboren, aber auf der anderen Seite ist es durchaus so, daß auch meine Familie aus allen Herrgottsteilen Österreichs und anderen Landen, deutschen Landen, stammt und daher sage ich auch immer: Jene Zuwanderung nach Wien, die ich schätze und von der Wien auch immer gut gelebt hat, war jene aus den Bundesländern.

Mölzer: Also keine Ghettos für Tiroler in Wien?

Strache: Viele Tiroler, Kärntner, Oberösterreicher, die nach Wien zugewandert sind, sind letztlich auch dafür verantwortlich, daß es Wien heute so gut geht.

Wie Strache die einzelnen österreichischen Bundesländer sieht

Mölzer: Wie würdest du denn den typischen Wiener und dann abgesehen davon, den typischen Österreicher mit kurzen Worten charakterisieren?

Strache: Der Wiener hat schon seine spezielle Rolle, der ist so ein bißchen ein Grantler. Ein Grantler, der immer irgendwas zum Aussetzen hat und bei dem alles immer besser sein könnte, jemand der auch sehr sentimental ist. Wir haben also diese typische Heurigenkultur in Wien, dort kommt diese Sentimentalität zum Ausdruck. Der Wiener ist ein durchaus gemütlicher Menschenschlag, würde ich sagen. Andererseits ist das auch das Schöne: Wenn man heute quer durch Österreich fährt – und meine Familie stammt ja aus unterschiedlichen Bundesländern – dann sieht man auch diese unterschiedlichen Charaktere. Wenn ich heute nach Ried und Schärding komme, schätze ich gerade diesen Menschenschlag. Da erlebt man diese Vierkanthof-Mentalität, diese Situation, Hof und Land zu besitzen und auch, wahrscheinlich durch die Rauhheit des Klimas dort, ein eigener Menschenschlag zu sein, der zu seiner Meinung steht und der auf den Tisch haut. Das ist faszinierend und schön. Diese Vielfalt und gegenseitige Bereicherung auch in anderen Gegenden in so einem kleinen Raum wie Österreich zu erleben, das tut gut.

Mölzer: Der Wiener ist ein gemütlicher Mensch, sagst Du. So gemütlich wie der „Herr Karl" des Helmut Qualtinger?

Strache: Naja, der „Herr Karl" ist ein Zyniker. Aber in vielen Bereichen trifft er schon den Punkt.

Mölzer: Manchmal ist er auch ein bißchen opportunistisch, gerade politisch?

Strache: Ja, opportunistisch mit Sicherheit auch. Das ist ja etwas, was sicherlich nicht auf irgendeinen Entwicklungsraum zu beschränken wäre. Opportunismus erleben wir überall, wo Menschen leben.

Mölzer: Na ja, wenn wir gerade das Phänomen beobachten, daß trotz aller Mißwirtschaft, trotz aller Fehlentscheidungen die alten Parteien, die noch immer Großparteien darstellen, also ÖVP und SPÖ, die Menschen dazu bringen können, daß sie von ihnen gewählt werden. Ist das nicht opportunistisch?

Strache: Das erleben wir heute sowohl in Wien, aber spiegelbildlich auch in Tirol. Auf der einen Seite gibt es eine schwarze absolute Mehrheit, auf der anderen Seite eine rote. Das ist eine unterschiedliche politische Farbenlehre nach außen, aber in Wirklichkeit betreiben beide die gleiche Politik. Wir haben die gleichen Problemfelder sowohl in Tirol als auch in Wien.

Mölzer: Das heißt also, die Wiener sind nicht schlechter und nicht besser als die übrigen Österreicher auch?

Strache: Ja, ich sage ja, es gibt überall solche und solche.

Die deutsche Volks-, Kultur- und Schicksals-gemeinschaft

Mölzer: Du hast kurz auch die deutsche Volks- und Kulturgemeinschaft angesprochen, deren Teil auch Österreich ist, trotz seiner Sonderrolle in der Geschichte und trotz seiner unbezweifelten Eigenstaatlichkeit, die ja eher jetzt erst wieder durch die EU gefährdet ist. Wie siehst Du denn unsere Verbundenheit mit dieser deutschen Volks- und Kulturgemeinschaft? Ist das nur mehr ein kultureller Faktor, ein historischer Faktor oder bedeutet das auch politisch noch etwas?

Strache: Ja, auf alle Fälle, historisch und kulturell und natürlich – und das hast Du ja angesprochen – ist die außer Streit gestellte Eigenstaatlichkeit im Grunde genommen heute sehr zu hinterfragen. Denn das, was die Verantwortlichen auf Bundesebene im österreichischen Parlament vorgenommen haben, nämlich „Ja" zu einer europäischen Unionsverfassung zu sagen, bedeutet die Aufgabe der Eigenstaatlichkeit, bedeutet das Ende der eigenen Verfassung. Die Gründerväter der Zweiten Republik drehen sich im Grab um. Es bedeutet auch, viele, viele andere Bereiche, die uns ans Herz gewachsen sind, aufzugeben, ihre Qualität zu opfern. Und so gesehen betreiben die anderen politischen Mitbewerber hier einen Prozeß, gegen den wir uns zwangsläufig zur Wehr setzen müssen. In Gesamteuropa geht es mittlerweile darum, ob die europäischen Völker überhaupt noch einen Zukunftsbestand für sich sichern können. Denn die multikulturelle Gesellschaft und die Probleme durch die Massenzuwanderung nach Europa betreffen heute alle europäischen Völker. Ob das jetzt Deutschland, Frankreich, ob das Italien oder Österreich ist, überall treffen die gleichen Probleme zu, und in Wirklichkeit müssen alle europäischen Völker ein Interesse haben, gemeinsam eine Lösung zu finden, um diese Kulturvielfalt der europäischen Völker auch in Zukunft sicherzustellen.

Mölzer: Aber denkt dann der begeisterte Wiener und der österreichische Patriot Heinz-Christian Strache an das deutsche Volk, wenn er da über den Bestand der Völker spricht?

Strache: Ja, natürlich ist auch das ein Wert. Und das deutsche Volk hat genauso ein Anrecht darauf wie das französische Volk, die eigene Kultur und den Bestand zu sichern und weiter zu pflegen und die Zukunftsfähigkeit sicherzustellen.

Mölzer: Aber ist das für uns ein höherer Wert als andere Nachbarvölker oder andere europäische Völker? Es heißt ja immer: Ja, ja, wir sprechen Deutsch, aber wir sind mit Ungarn, Tschechen, Slowenen oder Kroaten wesentlich stärker verbunden als mit den Deutschen. Ist das so?

Strache: Naja, das ist etwas, was immer so in den Raum gestellt wird. Aber es stimmt natürlich nicht. Natürlich wird es immer wieder so einen Reflex geben, gegen die Deutschen im allgemeinen zu sein. Man versucht ganz bewußt, mit ganz niedrigen Motiven zu arbeiten und diese einzusetzen, aber in Wirklichkeit freut sich die ländliche Region sehr darüber, wenn deutsche Touristen heute zu uns nach Österreich kommen. Viele machen das auch, weil es keine Verständigungsschwierigkeiten gibt und man merkt, daß der deutsche Tourist auch ein sehr sauberer, anständiger Tourist ist und das Mobiliar im Hotel auch vorhanden bleibt.

Zuerst Österreicher, dann Deutscher und Europäer

Mölzer: Aber ist der österreichische Patriot Heinz-Christian Strache ein Deutscher?

Strache: Er ist ein österreichischer Patriot und er ist natürlich in weiterer Folge auch einer, der von sich sagen kann, insofern ein Deutscher zu sein, daß er diesem Kulturraum angehört und er ist darüber hinaus in weiterer Folge Europäer.

Mölzer: Da sind wir beim letzten oder vorläufig letzten Kreis dieser Hierarchie der Gemeinschaften.

Wie stehst Du denn trotz der gerade aktuellen EU-Kritik zum Phänomen Europa. Was bedeutet Dir denn Europa?

Strache: Da sind wir jetzt bei der Wertegemeinschaft, bei der europäischen, die heute in Frage gestellt wird von dieser Europäischen Union. Die Europäische Union, die die Grundidee in sich birgt, den sozialen Frieden für Europa sicherzustellen nach den beiden Weltkriegen und den vielen Kriegen, die zuvor stattgefunden haben, diese europäische Gemeinschaft soll hier einen Wirtschaftsraum möglich machen, um damit künftige Kriege in Europa zu vermeiden. Das ist eine durchaus gute Grundidee, die aber heute durch die handelnden Personen selbst aufgegeben wird, und dadurch wird der soziale Friede in Europa und auch der wirtschaftliche gefährdet.

Europa als christlich-abendländische Wertegemeinschaft

Mölzer: Gut, das ist die aktuelle EU-Kritik, aber was bedeutet Europa für Dich?

Strache: In Europa existiert für mich eine christlich-abendländische Wertegemeinschaft, die auch als Bollwerk insofern zu sehen ist, daß in meiner Definition Rußland auch nach Europa gehört. Und wir sollten als Europäer auch den Mut haben, selbstständiger auf beiden Beinen zu stehen und uns von den amerikanischen Einflüssen stärker zu lösen.

Mölzer: Also ist das eher auch als Phänomen der Abgrenzung gegenüber anderen Bereichen der Welt und des machtpolitischen globalen Spiels zu sehen?

Strache: Ja, machtpolitisch den Mut zu haben, auch eine Rolle zu spielen und sich nicht zu einem untergeordneten Partner irgendeines selbsternannten Weltpolizisten zu degradieren.

VI. Persönlichkeiten

Mölzer: Wenn Du in diesem genannten politischen Bezugs-
rahmen der Stadt Wien, Österreichs, des deutschen Volks-
und Kulturraums und Europas Persönlichkeiten, historische Persönlichkeiten, Persönlichkeiten des Kulturlebens,
der Politik nennen solltest, die Dir besonders imponieren,
wer fällt Dir so ganz spontan ein?

Cajetan Felder, Bürgermeister von Wien

Strache: Für Wien fällt mir der ehemalige liberale Bürgermeister Cajetan Felder ein, dessen Porträt auch in den
Räumlichkeiten des Freiheitlichen Klubs im Wiener Rathaus hängt. Cajetan Felder war eine faszinierende Persönlichkeit. Er beherrschte 14 Sprachen, für einige war er sogar
als Gerichtsdolmetsch zugelassen. Die wenigsten wissen
das – auch nicht, daß er kurzfristig erblindete und nach
Zurückgewinnung seines Augenlichts noch Chinesisch
lernte und für Wien vieles zustande brachte, das heute bis
zur Vergessenheit in den Hintergrund gerückt ist. Er hat
für Wien die Hochquellwasserleitung möglich gemacht.
Er hat das Wiener Rathaus gebaut, das dann in Folge einer seiner Nachfolger, Eduard Uhl, eröffnen durfte. Dieser
„vergaß" damals übrigens, Cajetan Felder zum Festakt der
Schlußsteinlegung einzuladen, was diesen sehr kränkte.
Cajetan Felder hat auch den Wiener Zentralfriedhof geschaffen. Vieles, was heute Wien ausmacht, ist durch einen
freiheitlich-liberalen Bürgermeister zustande gekommen,

der heute von dieser absolut regierenden Stadtführung völlig versteckt wird und überhaupt keine anerkennende Erinnerung findet.

Mölzer: Eine interessante Persönlichkeit, aber doch eine des 19. Jahrhunderts. Wenn wir Österreich hernehmen, wen gibt es denn da? Wie schaut es denn für Österreich unserer Tage aus, gibt es da irgendeine bekannte Persönlichkeit?

Peter Handke – mutig gegen den Zeitgeist

Strache: Ja Peter Handke. Jemand, mit dem man zwar vielleicht nicht ideologisch allzu viele Gemeinsamkeiten entdeckt und der auch nicht unbedingt literarisch begeistert, aber jemand, der zumindest den Mut aufbringt, in unserer Zeit gegen den Zeitgeist aufzutreten, und der Stellung bezieht. Das ist durchaus beachtlich und schätzenswert. Mir ist jeder lieb und wert, der eine Meinung, eine Gesinnung hat und auch den Mut aufbringt, diese zu artikulieren und Standfestigkeit zu leben. Handke hat ja gerade am Beispiel Serbiens auch im Zuge der stattgefundenen kriegerischen Auseinandersetzungen zu diesem Thema Stellung bezogen und jetzt auch wieder im Zuge des Ablebens des serbischen Präsidenten Milosevic.

Mölzer: Was fällt Dir an faszinierenden Persönlichkeiten ein, wenn Du vom deutschen Sprachraum sprichst?

Otto von Bismarck

Strache: Viele Persönlichkeiten gibt es nicht, die mir da einfallen, aber historisch gesehen natürlich Bismarck. Bismarck war eben ein Realpolitiker, einer, der es, sehr klug handelnd, geschafft hat, in seiner Zeit auch das Bestmögliche zu erreichen. Das ist ja auch die Kunst einer klugen Politik, da hat er es also durchaus geschafft, in seiner Zeit auch für das Deutsche Reich eine positive Entwicklung sicherzustellen.

Mölzer: Und wenn wir an Europa denken, an das heutige Europa?

Papst Benedikt XVI.

Strache: Ja, wenn wir von einer Persönlichkeit Europas sprechen, dann fällt mir Joseph Ratzinger ein, unser aktueller Papst Benedikt XVI.

Mölzer: Der für das christliche Abendland steht …

Strache: Der für das christliche Abendland steht und auch schon sehr mutige Worte gefunden hat in seiner kurzen Zeit als Papst. Er gab auch gleich zu Beginn entscheidende Stellungnahmen ab, die unsere programmatische Definition der Wehrhaftigkeit unseres Kulturraums und eines wehrhaften Christentums durchaus in den Vordergrund rücken. Denn wenn wir davon reden, dann müssen wir auch festhalten, daß ich nicht von ungefähr gesagt und gemeint habe, daß wir lieber die Pummerin statt des Muezzins vom Wiener Stephansdom hören wollen. Genauso wie wir auch nicht haben wollen, daß es Minarette gibt, die in Österreich gebaut werden wie Hotels. Und da halte ich es damit, daß ich sage, solange es in islamischen Ländern ein Kirchenbauverbot gibt, solange soll es bei uns keine Genehmigung für den Bau einer Moschee mehr geben. Da müssen wir wachsam sein.

Mölzer: Doch dafür ist auch ein neues Selbstbewußtsein notwendig, wie wir es erst unlängst bei der Fußball-WM bei den Deutschen gesehen haben …

Jürgen Klinsmann – der Teamgeist-Macher

Strache: Da fällt mir im übrigen noch Jürgen Klinsmann ein, der mir mit seiner Vorstellung als Teamchef der deutschen Nationalmannschaft sehr gut gefallen hat. Er hat es verstanden, 82 Millionen Deutsche dermaßen zu begeistern und gleichzeitig auch zu einem neuen, positiven Bild Deutschlands zu führen, daß es einem auch als Außenstehenden große Freude bereitet hat, diese Euphorie mitzuverfolgen.

VII. Mehr als nur eine Partei

Mölzer: Heinz-Christian, Du bist jetzt in der Situation, daß Du in diesem Jahr vor dem Sprung ins Parlament stehst, wo Du aller Wahrscheinlichkeit nach der Führer der rechten Opposition sein wirst. Ganz gleich wie die Grünen abschneiden, ist es doch eine Tatsache, daß die FPÖ – in welcher Stärke auch immer – die einzige Kraft sein wird, die sich dem Machtkartell entgegengestellt. Auf jeden Fall ist die FPÖ die einzige Kraft, die oppositionell im Parlament vertreten sein wird. Wie siehst Du denn diese Aufgaben, die da auf Dich zukommen?

Strache: Zum einen ist es das Ziel, als die einzige wirkliche und verläßliche Oppositions- und Kontrollpartei so stark wie möglich zu werden. Das heißt, die Zweistelligkeit zu erreichen, auch als politische dritte Kraft vor den Grünen zu liegen und sowohl schwarz-grün als auch rot-grün für Österreich zu verhindern. Denn das wäre ein Experiment auf dem Rücken Österreichs, das nicht erwünscht ist und das kann nur verhindert werden, wenn wir auch wirklich den dritten Platz nach der kommenden Nationalratswahl sicherstellen können. Wir werden als die verläßliche Oppositions- und Kontrollpartei natürlich auch in den kommenden Jahren ohne Kompromisse die einzige soziale Österreich- und Heimatpartei sein. Das heißt, wir werden „Österreich zuerst" unter dem Motto „Herr im eigenen Hause bleiben" in allen Themenbereichen im

Parlament in den Mittelpunkt stellen und versuchen, die großen Parteien vor uns herzutreiben.

Mölzer: Bleiben wir ein bißchen bei den quantitativen Möglichkeiten der FPÖ unter Deiner Führung. Du hast ja aus der Wiener Wahlbewegung und aus der Entwicklung der FPÖ seit der Abspaltung des vorigen Jahres ein Gespür bekommen für die Dimensionen, für die Möglichkeiten der freiheitlichen Gesinnungsgemeinschaft. Für wie stark hältst Du den Anteil, und in welchen Strukturen hältst Du denn die FPÖ für politikfähig?

Strache: Wir haben allein am Beispiel Wiens gezeigt, daß man als eine kleine geschlossene und entschlossene Gemeinschaft, die wieder einen Zusammenhalt hat und wieder auch Kameradschaftlichkeit lebt, viel erreichen kann. Wir haben in Wien gezeigt, daß uns nach der Wahl, als wir das politische blaue Wunder sichergestellt hatten, nicht nur eine Konsolidierung, sondern auch eine Wiedergeburt gelungen ist. Wir konnten auch eine absolute Mehrheit der SPÖ thematisch an die Wand drücken. Das zeigt z. B. die Frage der generellen flächendeckenden 50 km/h-Zonen in Wien, die die Sozialdemokraten unter dem abstrusen Motto, die Feinstaubbelastung zu senken, eingeführt haben. Wir haben es durch unseren Druck als 15-Prozent-Partei gemeinsam mit den Wienern mit Unterschriftensammlungen geschafft, das nach drei Wochen wieder wegzubringen. Und das zeigt, was möglich ist. Das ist ja auch auf andere Themenbereiche umzulegen, und das zeigt, wenn man wirklich entschlossen handelt und wieder als politische Kraft mit Beharrlichkeit auftritt, dann kann man in allen Themenbereichen auch eine absolute Mehrheit, oder auch eine große Koalition, wieder ordentlich unter Druck setzen, um als erfolgreiches Regulativ für die Österreicher nachteilige Unsinnigkeiten zu verhindern.

Mölzer: Das heißt aber, daß die Wiener FPÖ, im Kern das Dritte Lager und dessen Funktionäre von der Bezirks-bis zur Landesebene in der Lage sind, durch entsprechende Themen größere Wählerpotentiale anzusprechen. Konkret waren es 15 Prozent in Wien, eine beachtliche Zahl. Wie siehst Du denn diese Größenverhältnisse bundesweit? Wir kennen ja die FPÖ aus der Haider-Zeit, die eine tendenzielle 30-Prozent-Partei war, allerdings auch mit der Gefahr der inhaltlichen Beliebigkeit, wo man allen Gruppen alles versprochen hat, was man dann nicht halten konnte, und womit man auch in der Regierungsverantwortung scheiterte. Wie muß man denn im Unterschied zur damaligen Haider-FPÖ bundesweit vorgehen, daß man einerseits Wähler motiviert, daß man andererseits aber auch politisch glaubwürdig bleibt?

Strache: Wien hat uns gezeigt, daß wir es im letzten Jahr nach der Abspaltung und unserer eigenen Wiederfindung geschafft haben, gerade bei den Jungen zu punkten. Wir sind bei der Wiener Landtags- und Gemeinderatswahl stärkste Partei bei den Jungwählern zwischen 16 und 18 Jahren mit 33 Prozent geworden. Die durften erstmals wählen, und das war vor allen Dingen auch für den politischen Mitbewerber sehr überraschend. Wir haben interessanterweise auch schon durch unsere bewußte Positionierung als soziale Österreich-Partei bei den Arbeitnehmern sehr stark wieder aufgeholt. Wir haben auch bei den Freiberuflern und den kleineren und mittleren Unternehmern unser Wählerklientel. Und mittelfristig ist es das Ziel, das auch auf Österreich umzulegen. Nämlich eine 15- bis 20-Prozent-Partei zu werden, die aber aus den Fehlern der Vergangenheit gelernt hat, und das haben wir auf alle Fälle. Wir sind heute, wenn man so will, gereinigt. Wir haben aus den Fehlern insofern gelernt, daß wir

83

wissen, nachhaltige Strukturen zu brauchen, und das Ziel muß sein, nach der kommenden Nationalratswahl, eben in eine konkrete Ausbildungsschiene für Funktionäre und freiwillige Mitarbeiter zu gehen, um hier allen klar zu machen, woher wir kommen und wohin wir wollen. Es muß eine inhaltliche Nachhaltigkeit bei den Funktionären erreicht werden, damit auch wirklich jeder so gefestigt ist, daß er nicht bei der ersten Krise wieder von Bord geht.

FPÖ in der Ausgrenzung und Vernichtungs- versuche

Mölzer: Vielleicht ist das jetzt die Gelegenheit, um sich einmal kritisch mit der freiheitlichen Vergangenheit unter Jörg Haider auseinander zu setzen, die ja zu einer Regierungsbeteiligung geführt hat, zu einem Scheitern in dieser Regierung und auch zur Parteispaltung. Gehen wir vielleicht von heute zurück. Du bezeichnest die Abspaltung dieses Orangen-Bündnisses heute als einen Reinigungsprozeß. Wie sehr, glaubst Du, hat diese Abspaltung der FPÖ geschadet, wie sehr ist es eher eine Chance für uns?

Strache: Jede Krise bietet zum einen ja auch wieder eine Chance. Das Ziel dieser Abspaltung aus der Sicht der handelnden Personen Jörg Haider, Wolfgang Schüssel etc. war natürlich die Vernichtung der Freiheitlichen Partei und des Dritten Lagers in Österreich.

Mölzer: Warum will man dieses Lager Deines Erachtens nach vernichten?

Strache: Weil dieses Lager unbequem ist und nicht auf Knopfdruck „funktioniert", nicht im Interesse der Systemparteien liegt. Dieses Lager hat niemals den Vorgaben des Zeitgeistes entsprochen. Wobei das Ziel, die Vernichtung der Freiheitlichen Partei als Vertretung des Dritten Lagers nur der erste Schritt gewesen wäre, wie bei einer Salami. Zuerst wollte man die politische demokratische Kraft, die das Dritte Lager im Parlament vertritt, dort hinausdrängen, um dann in Folge auch alle Vorfeldorganisationen der Freiheitlichen Partei unmöglich zu machen. Das ist das, was wir auch wirklich konkret befürchten mußten, bis hin eben auch zur Schwächung der Korporationsverbindungen, die ohne politische Vertretung in Gefahr geraten, an die Wand gedrückt zu werden.

Mölzer: Du meinst also, daß dieses national-liberale Lager einerseits wegen seiner nonkonformistischen, systemkritischen Haltung gegenüber dem politischen Establishment bekämpft wird, weil es gegen Privilegien, gegen Pfründewirtschaft, gegen die Aufteilung der Republik durch Rot und Schwarz ist. Und daß es andererseits bekämpft wird, weil es eben in der Frage der österreichischen Identität in der nationalen Problematik unkonventionelle, unerwünschte Haltungen vertritt. Ist das so?

Strache: Das ist mit Sicherheit so, denn gerade in der Frage des Ausverkaufs unserer Identität und Kultur sind wir das einzige Bollwerk, das auch den Mut aufbringt, zur Heimat zu stehen und Heimat für uns zu sichern. Das gehört zu den Grundfragen unserer Zeit. Es geht um einen Kulturkampf, den Ausverkauf und die Aufgabe unserer Kultur und Identität. Das Forcieren dieser Fehlentwicklung führt zur Verärgerung in der Bevölkerung, weil diese in allen Lebensbereichen tagtäglich immer stärker davon betroffen ist. Deshalb war das Ziel, die Freiheitliche Partei als demokratische parlamentarische Vertretung unmöglich zu machen und aus dem Parlament zu drängen. Es ist aber nicht gelungen. Und dies deshalb, weil hier in dieser schwierigsten historischen Phase der Freiheitlichen Partei viele Menschen auch die Kraft und den Charakter aufgebracht haben, Position zu beziehen, Verantwortung zu übernehmen und nicht zuzulassen, daß dieses Ziel der Gegner erreicht wird. Deswegen kann man heute nach einem Jahr sagen, daß das Ergebnis ein reinigendes war, auch durch die handelnden Personen, die Verantwortung übernommen haben. Und das waren ja viele in den Bundesländern, die sich nicht haben unterkriegen lassen, die trotzdem zu ihrer freiheitlichen Heimat gestanden sind, obwohl sie damals keine wirklichen Perspektiven hatten. Denn es war ja der Ausgang ungewiß. Keiner wußte, wie das enden wird, keiner konnte für sich im vorhinein in Anspruch nehmen, daß das ein Erfolg werden wird, daß man vielleicht auch Mandate sicherstellen wird können. Jeder hat aber auf Grund seines Idealismus' auch wirklich für die Freiheitliche Partei Stellung bezogen. Andererseits haben wir auch gesehen, daß es letztlich nur ein paar wenige Führungsfunktionäre und Mandatare gegeben hat, die gegangen sind. Aber die breite Basis, die Mitglieder und die Funktionäre sind der Freiheitlichen Partei Österreichs treu geblieben. Und deshalb kann man heute sagen, daß das Ergebnis eine Reinigung war und somit eine positive Entwicklung dargestellt hat, die uns stärker, verläßlicher und gemeinschaftlicher denn je gemacht hat.

Mölzer: Nun ist es ja so, daß dieser Vernichtungsfeldzug gegen dieses unbequeme Dritte Lager und diese unbequeme freiheitliche Gesinnungsgemeinschaft, die das politische Establishment der Zweiten Republik so sehr stört in ihren Kreisen, daß dieser Vernichtungsfeldzug auch gegen die Haider-FPÖ geführt wurde. Denken wir an die Ausgrenzungspolitik eines Franz Vranitzky, denken wir an die Kampagne in der Zeit der Briefbombenattentate. Wie siehst Du denn das, wie ist es erklärbar, daß Haider, der selber das Ziel dieser Vernichtungskampagne war über lange Jahre, plötzlich dann im Jahr 2005 die treibende Kraft dieser Vernichtungskampagne wurde?

Strache: Zum einen muß man festhalten, daß uns die Ausgrenzung, das Vorgehen mit unlauteren Mittel gegen uns als demokratiepolitische Kraft auch immer stärker gemacht hat. Leider Gottes war Haider in Folge – und das kann man heute nur so festmachen – nicht mehr Herr seiner selbst. Was auch immer für tiefere Hintergründe hier vorhanden sind, es wird heute immer klarer, daß er auch schon vor dem Regierungseintritt nicht mehr Herr seiner selbst gewesen sein kann. Wenn wir heute analysieren, daß er als Zweiter den Dritten zum Ersten gemacht hat, so zeigt das auch schon, daß er zum damaligen Zeitpunkt sich selbst untreu geworden ist und das hat sich dann auch fortgesetzt. Die Abstände zwischen den irrationalen Entscheidungen sind immer kürzer geworden. Auch was seine thematische Positionierung betrifft, hat er wöchentlich begonnen, seine Meinungen zu ändern und zu wechseln. Man könnte von politischer Schizophrenie sprechen oder auch von politischer Inkontinenz, die dazu geführt hat, daß immer mehr Menschen, die früher einmal zu Recht große Hoffnungen in die Freiheitliche Partei investiert hatten, doppelt und dreifach enttäuscht wurden, denn die Menschen haben zwar der SPÖ und der ÖVP alles zugetraut, aber eben nicht der Freiheitlichen Partei. Und deshalb war es auch, nachdem Haider seinen einst selbst eingeschlagenen Weg verlassen hatte, so notwendig, jetzt hier dafür Sorge zu tragen, daß die Freiheitliche Partei sich und ihren Weg wieder findet und beschreitet. Und das ist das, was wir seit einem Jahr als verläßliche freiheitliche Kraft wieder sicherstellen.

Mölzer: Heinz-Christian, Du sagst völlig zu Recht, daß die Ausgrenzungskampagnen gegen die Freiheitlichen in den achtziger und neunziger Jahren diese Gesinnungsgemeinschaft stärker gemacht haben. Es war wirklich so, daß je unfairer man mit der Faschismuskeule gegen uns vorgegangen ist, desto mehr Menschen sich mit uns solidarisiert haben. Das hat begonnen bei der Auseinandersetzung um die angebliche „Mißgeburt einer österreichischen Nation". Das ist weitergegangen über das Ausländervolksbegehren mit dem Titel „Österreich zuerst" bis zur Regierungsbeteiligung. Wie siehst Du denn die Wählerpotentiale, die damals angesprochen wurden von der FPÖ, diese fast 20 bis 30 Prozent der Menschen. Waren das alle Freiheitliche, waren das Bürger, die einfach einen Wandel wollten? Wie siehst Du denn diese Zeit?

Festigung versus Stimmenmaximierung

Strache: Man hat – wenn man das Revue passieren läßt – seitens der politischen Mitbewerber versucht, uns immer wieder mit allen Mitteln und Methoden zu begegnen. Man hat es mit Ausgrenzung versucht, man hat es versucht mit Schmutzkübel-Kampagnen, man hat es dann in Folge versucht mit Ignoranz oder Totschweigen. Das heißt, man hat alle Mittel probiert. Ich glaube, daß alles nichts nützt, wenn wir selbst als gefestigte und geschlossene und auch thematisch beharrliche Partei auftreten. Das heißt, es liegt der Erfolg ausschließlich an uns, aber auch der Mißerfolg. Und deshalb meine ich auch, daß natürlich das Ziel, unser Ziel sein muß, auf Dauer mittelfristig eine 15- bis 20-Prozent-Partei zu werden, aber diese Struktur dann auch zu festigen; nämlich so zu festigen, daß sie wahltechnisch eine Nachhaltigkeit in sich birgt und diese prozentuelle Stärke auch wirklich eine ist, die für 10, 15 Jahre auch inhaltlich eine gefestigte darstellt.

Mölzer: Aber was lernen wir aus der Entwicklung der

neunziger Jahre, als die schrankenlose Stimmenmaximierung betrieben wurde? Als man gerade im Bereich der Funktionäre viele Leute zu hohen Ehren kommen ließ, die mit der FPÖ und mit freiheitlicher Gesinnung nichts zu tun haben ...

Strache: Wir lernen daraus, daß es besser ist eine 15- bis 20-Prozent-Partei mit einer nachhaltigen Struktur zu sein, als Spagate in alle Richtungen zu machen. Glücksritter, Quereinsteiger aufzunehmen, die in Wirklichkeit nur den eigenen Vorteil sehen, das war ja genau die Methode meiner Vorgänger. Und das hat letztlich auch dazu geführt, daß in Folge dieses Gebilde auch wie ein Kartenhaus in sich zusammenfallen mußte. Wenn man auf einem guten Fundament dann solche, wie soll ich sagen, unverläßliche Säulen baut, dann ist das etwas, das nur auf Zeit funktionieren kann. Wenn dann einmal ein stärkerer Sturm auftritt, dann fällt dieses Haus eben zusammen, so wie es uns passiert ist. Und deshalb dürfen wir das nicht mehr wiederholen, wir müssen dafür Sorge tragen, daß Menschen, die zu uns kommen und die wir gewinnen und von uns begeistern, daß die auch in Folge in die Freiheitliche Partei hineinwachsen und zuerst einmal zeigen müssen, daß sie bereit sind, auch etwas zu geben und nicht sofort nur alles nehmen zu wollen. Das soll uns auch von den anderen Parteien unterscheiden.

Mölzer: Jetzt ist es ja so gewesen, daß diese Entwicklung der FPÖ vom Ende der Ära Steger, als die FPÖ in einer Regierung mit der SPÖ und sehr geschwächt war, daß dieser quantitative Aufstieg unter Haider verschiedene Stationen hatte. Zuerst sammelte er wieder das nationale Lager – Stichwort: Debatte um die Österreichische Nation. Dann hieß es, die FPÖ sei die bessere bürgerliche Partei, womit man ÖVP-Wähler für sich gewann, und schließlich hieß es, die FPÖ sei eine Arbeiterpartei neuen Typs, wie das der Meinungsforscher Prof. Plasser formuliert hatte. All diese Stationen haben aus der FPÖ eine sehr widersprüchliche, inhomogene Gruppe gemacht, von der man nur gesagt hat, sie sei rechtspopulistisch. Wie hast Du denn damals diesen Vorwurf des Rechtspopulismus' gesehen bzw. was hältst Du überhaupt vom Begriff „Rechtspopulismus"?

Haider, der heutige Steger

Strache: Man muß in der Freiheitlichen Partei der Vergangenheit unterschiedliche Wege erkennen. Unter Dr. Norbert Steger war die Partei eine bürgerlich-liberale Partei, die es nicht geschafft hat, über die 6-Prozent-Ebene hinauszukommen und die im Grunde genommen damals auch versucht hat, in der einen oder anderen Art und Weise einen Mehrheitsbeschaffer zu spielen. Wenn man so will, kann man sagen, daß der Haider der heutige Steger ist, denn er hat ja am Ende dann auch ähnlich gehandelt.

Mölzer: Entschuldigung, ist das nicht eine Beleidigung für Norbert Steger, dessen Politik wir damals alle innerparteilich bekämpft haben, der aber immerhin die Partei nicht verraten hat, sondern sie nach seiner Niederlage und Abwahl geordnet übergeben hat?

Strache: Selbstverständlich, deshalb habe ich auch große Anerkennung und Respekt vor Dr. Norbert Steger. Denn Dr. Norbert Steger hat sich anständig verhalten, er hat, als er 1986 am Innsbrucker Parteitag abgelöst wurde, eine Partei hinterlassen, die nicht verschuldet war. Er hat auch keine Abspaltung der Partei vorgenommen, das heißt, er ist mit Charakter und Anstand als Obmann abgetreten, und das ist das, was man ihm ganz, ganz hoch anrechnen muß. Und ich rechne ihm auch hoch an, daß er in der Krise des vergangenen Jahres, als es zur Abspaltung kam, hier sich wieder so positioniert hat, daß er sich für die Freiheitliche Partei Österreichs eingesetzt hat. Und er hat auch selbst in einem „Kronen-Zeitung"-Interview diese Charakterisierung, die ich vorher genannt habe, von sich gegeben. Das heißt, ich habe mir nur erlaubt, ihn zu zitieren. Er hat gesagt, wenn man das zu damals in Verbindung setzt und vergleicht, so war Haider derjenige, der Steger – wie er selbst auch sagt – damals zu Recht abgelöst hat. Nur muß man heute – das bezieht sich ja auf ein Interview im Jahre 2005 – es so sehen, daß Haider sich in Folge ganz anders entwickelt hat. Und es sieht heute so aus, daß ich derjenige bin, der jetzt Haider zu Recht ablöst. Das sind eben Entwicklungsphasen, die es offensichtlich immer wieder gibt und deshalb ist es auch wichtig, daß auch nach gewissen Zeiten auch wieder Veränderungen in einer Partei, auch an der Führungsspitze, stattfinden – damit es nicht zu solchen negativen Entwicklungen kommen kann, wie wir sie unter Haider erlebt haben.

Mölzer: Zurück zum Phänomen Rechtspopulismus. Wie siehst Du eben diese Entwicklung, als unsere Gegner in den neunziger Jahren der FPÖ vorgeworfen haben, eine rechtspopulistische Partei zu sein. Ist Rechtspopulismus für dich ein Schimpfwort, oder wie siehst Du den Begriff?

Strache: Naja, in der heutigen politischen Landschaft befinden sich ja alle anderen politischen Mitbewerber links der Mitte. Ob das jetzt die Sozialistische Partei ist, ob das die Österreichische Volkspartei ist, ob das die Grünen sind, all diese Parteien sind heute links der Mitte zu finden. Die ÖVP hat also mit Wertkonservativismus oder auch mit rechter Gesellschaftspolitik eigentlich nichts mehr am Hut. Und deshalb braucht es rechts der Mitte auch ein Regulativ, es braucht hier eine patriotische, national-freiheitliche, politische Kraft und genau so haben wir uns auch positioniert, aber mit sozialer Verantwortung. Und so gesehen ist auch der Begriff der sozialen Heimat- und der sozialen Österreich-Partei ein wichtiger. Und rechtspopulistisch ist ja nichts Negatives, denn Populismus insgesamt ist nichts Negatives. Er bringt ja nur zum Ausdruck, daß man das auch versucht, politisch anzusprechen und umzusetzen, was die Mehrheit des Volkes auch wünscht und das sollte eigentlich auch insgesamt der Auftrag der Politik sein. So lange man den Wunsch der Bevölkerung und des Volkes ernst nimmt und solange man das auch sicherstellt, so lange wird man auch Erfolg haben. Wenn man die Volksmeinung wieder verläßt und meint, alles besser wissen zu müssen gegen die Mehrheit in der Bevölkerung, na dann wird das zwangsläufig irgendwann auch scheitern. So gesehen ist Rechtspopulismus etwas Positives, es ist für mich kein Schimpfwort oder eine Beleidigung.

Bessere bürgerliche Partei

Mölzer: Gehen wir zurück wieder zu dieser Entwicklung damals. Da hat es ja geheißen, die FPÖ soll also die „bessere bürgerliche Partei" sein. Man hat eine frühe Öffnung hin schon zum katholischen Bereich versucht, Haider hat sich als braver Kirchensteuerzahler dargestellt, man hat Kontakte gehabt mit dem Bischof Krenn und anderen. Sagt Dir das etwas, die „bessere bürgerliche Partei", in Hinblick auf wertkonservative Ideale? Was hat das damals gebracht?

Strache: Haider hat damals am Beginn seiner politischen Laufbahn als Obmann versucht, zuerst aus dem bürgerlichen Bereich wertkonservative Wähler anzusprechen, um in Folge dann eben aus dem Bereich der Sozialdemokratie Wähler zu gewinnen. Das heißt, er hat versucht, ein Angebot in alle Richtungen zu legen. Es war ja der Beginn seines Weges durchaus ein positiver und es hat zu Recht bei vielen von uns auch Hoffnungen gegeben, daß dieser Weg von ihm auch ein ehrlich gemeinter ist. Das Problem war, daß wir erst viel zu spät erkennen konnten, daß für ihn alles nur strategische Handlungen waren, die er gar nicht ernst gemeint hat und wo er gar keine Nachhaltigkeit hineinlegen wollte, sondern es ging ihm ausschließlich um Stimmenmaximierung. Er war dann am Ende genauso wieder bereit, all das, was er 16 Jahre lang versprochen hatte, von einem Tag auf den anderen wieder über Bord zu werfen, nur um persönliche Pfründe und Vorteile sicherzustellen. Und genau das ist ja auch das Enttäuschende gewesen.

Prägende Freiheitliche

Mölzer: Eines der katastrophalen Dinge in dieser damaligen, scheinbar so erfolgreichen Entwicklung war die Personalpolitik der Partei. Wir haben schon über Norbert Steger gesprochen. Wir lebten ja damals in einer Phase, in der nahezu alle noch lebenden Obleute der FPÖ, vor Haider, sich von der Partei abgewandt hatten. Alexander Götz hat man kurzfristig ausgeschlossen, Norbert Steger wurde als Feind bekämpft, Friedrich Peter hatte sich völlig erzürnt abgewandt. Wie siehst Du denn heute das Verhältnis der FPÖ zu diesen Persönlichkeiten? Zu Alexander Götz, zu Friedrich Peter, der erst jüngst verstorben ist?

Strache: Selbstverständlich hat unsere Freiheitliche Partei eine Geschichte. Wir feiern ja dieses Jahr unseren 50. Geburtstag. Wir wollen natürlich sicherstellen, daß wir auch die kommenden 50 Jahre für unsere Gesinnungsgemeinschaft garantieren. Da haben wir auch eine Verantwortung gegenüber unserer Vergangenheit und natürlich auch gegenüber den Persönlichkeiten aus der Vergangenheit. Deshalb ist es auch wichtig, hier jeden, der in seiner

Zeit das Beste für diese freiheitliche Gesinnungsgemeinschaft versucht hat oder sich auch mit seinen persönlichen
Leistungen engagiert hat für eine gute Entwicklung der
Freiheitlichen Partei, auch entsprechend und gebührend
zu ehren. Und da müssen wir auch mit unserer Geschichte ins Reine kommen, da kann man nicht hergehen und
einen Generalbruch vornehmen, wie das vielleicht einmal
in der Vergangenheit der Fall war. Haider selbst hat einen
Generalbruch mit der Freiheitlichen Partei vollzogen. So
gesehen hat er selbst diesen Schritt in unverantwortlicher
Weise – und ich sage jetzt auch ganz bewußt: in schäbiger
Weise – vorgenommen. Denn die Partei hat ja auch ihm
viel gegeben und er hat letztlich gezeigt, daß er die Treue
zur eigenen Partei nicht unbedingt für wichtig hält. Er
hat also am Ende in völlig abgehobener Weise sich darauf
reduziert, daß er als Person die Partei sei, wir als Personen
sind aber nie die Partei, sondern wir sind Personen, die
sich in den Dienst der Partei zu stellen haben und das sollten wir auch nie vergessen.

Mölzer: Heißt das, daß Du der Ansicht bist, daß die
Sache, die Ideale an erster Stelle stehen, dann die Gemein-
schaft und erst dann die Führungskräfte, die also dann im
Dienst dieser Sache zu stehen haben?

Strache: Genauso sehe ich das, daß natürlich zuerst unsere Werte, unsere Ideale, die ja diese Partei auch 50 Jahre
begleitet haben, in den Vordergrund zu stellen sind. Das
ist ja auch die Intention, daß wir diese Ideale und Werte
politisch vertreten und versuchen zu verankern in dieser
Republik. Und da kann man eben nicht so handeln und
so agieren, wie das Haider am Ende getan hat, daß er alle
diese Werte und Ideale im Grunde genommen über Bord
geworfen und alles nur mehr auf seine Person fokussiert
hat.

94

Anton Reinthaller

Mölzer: Ganz kurz vielleicht zu den vergangenen Parteiobleuten. Wie würdest Du denn in aller Kürze aus der heutigen Sicht des jungen Parteiobmanns das Wirken Deiner Vorgänger sehen, etwa Anton Reinthallers, des Parteigründers, dem man ja vorgeworfen hat, ein hochrangiger Nationalsozialist gewesen zu sein, als Minister im Anschlußkabinett Seyß-Inquart, später als Staatssekretär für Bergbauernfragen im Dritten Reich. Wie siehst Du denn Reinthallers Wirken 50 Jahre später?

Friedrich Peter

Strache: Reinthaller war ein aufrechter Demokrat und hat also gerade in der Gründungsphase der Freiheitlichen Partei Österreichs eine maßgebliche Rolle gespielt, er hat dem national-freiheitlichen Lager ein Fundament gegeben, von dem wir bis heute auch leben und wofür wir ihm dankbar zu sein haben. Und ich sage ja, wenn man das dann in Folge der Entwicklung des Friedrich Peter bis Norbert Steger dann auch sieht, so hat jeder zu seiner Zeit in seinem Rahmen versucht, sein Bestes zu geben. Manche gingen unterschiedliche Wege, aber ich glaube, daß trotzdem das Ziel immer das Gleiche war. Ich möchte auch festhalten, daß ich noch in der letzten Zeit mit Friedrich Peter Kontakt hatte, wir schrieben einander Briefe. Er hat mir auch damals in dieser schwierigen Phase viel Glück gewünscht, weil er gesagt hat, es war immer schon die Schwierigkeit des Dritten Lagers und der Freiheitlichen Partei, zwischen den sogenannten Nationalen und den sogenannten Liberalen die Verbindungsklammer sicherzustellen, denn das eine kann ohne das andere nicht funktionieren, nicht existieren und nicht erfolgreich sein, und er wünscht mir daher auf diesem Weg auch viel Glück.

95

Mölzer: Reinthaller war nur sehr kurz Obmann, zwei Jahre bis zu seinem Tod, Friedrich Peter hingegen war doch 20 Jahre an der Spitze der FPÖ und sehr prägend. Er galt als hervorragender, gevifter Stratege und Parlamentarier. Er hat die FPÖ in eine Kooperation mit Kreiskys SPÖ geführt, die schließlich zur sozialistisch-freiheitlichen Koalition unter Steger und Sinowatz führte. Er wurde von Simon Wiesenthal heftig bekämpft wegen seiner Mitgliedschaft bei der Waffen-SS. Er galt aber andererseits auch als Mitglied der Freimaurerei. Wie siehst Du denn diesen Friedrich Peter heute, auch wenn man sagen soll „de mortuis nihil nisi bene" – über die Toten nur Gutes?

Strache: Die Koalitionsform damals mit den Sozialdemokraten war durchaus auch für die Entwicklung der Freiheitlichen Partei interessant, denke ich. Denn im sozialpolitischen Bereich haben wir auch viel mehr Gemeinsamkeiten mit der Sozialdemokratie als mit der Österreichischen Volkspartei. So gesehen war das ein sehr interessanter Weg. Es ist ihm aber nie gelungen, sich in dieser Zeit so zu profilieren, daß wir auch bei den Wählerstimmen dementsprechend zu einer breiteren Partei werden konnten. Wobei man bei der von Dir angesprochenen Kritik von Simon Wiesenthal gegenüber Friedrich Peter auch anmerken muß, daß Bruno Kreisky sehr kritisch gegen Wiesenthal in Stellung gegangen ist. Da gab es ja viele Zitate, die Bruno Kreisky sehr kritisch in Richtung Simon Wiesenthal zum Besten gegeben hat. Und ob das Gerücht stimmt, daß Friedrich Peter Freimaurer war, das kann ich nicht bewerten und will es auch nicht. Er hat sich auf alle Fälle in seiner Funktion als Parteiobmann auch große Verdienste gegenüber der Freiheitlichen Partei erworben und er war der längstdienende Bundesparteiobmann der

Freiheitlichen Partei. Er verdient also auch unsere Anerkennung, unseren Respekt über den Tod hinaus.

Mölzer: Es ist wohl so, daß Peter für jene Generation von Nationalfreiheitlichen steht, die als junge Menschen den Krieg erleben mußten, mit all seinen Höhen und Tiefen und Leiden und die sich dann in die Zweite Republik einzugliedern hatten. Ich sehe das auch so. Wie beurteilst Du denn den eher kurz amtierenden Obmann Alexander Götz, der als Grazer Kommunalpolitiker erfolgreich war?

Alexander Götz

Strache: Alexander Götz war in seiner kurzen Obmannschaft durchaus ein großer Hoffnungsträger für die Freiheitliche Partei. Man hat damals wirklich eine Aufbruchstimmung verspürt und die große Hoffnung gehabt, daß wir mit seiner Positionierung auch eine größere Breite als Bundes-FPÖ erreichen könnten. Leider Gottes ist das ein sehr kurzes Unterfangen gewesen und geblieben. Er hat zwar vielleicht den einen oder anderen Fehler gemacht. Es gibt ja diesen Ausspruch, als er als Bundesobmann von Wien weggefahren ist und gesagt hat: „Der schönste Platz in Wien ist der Südbahnhof".

Mölzer: Das kann man als Wiener natürlich nicht nachvollziehen.

Strache: Nein. Ich glaube, daß es völlig gleichgültig ist, aus welchem Bundesland man kommt, daß man auch wirklich alle Stärken und Schwächen eines jeden Bundeslandes positiv bewerten sollte und nie solche abschätzigen Worte verwenden sollte.

Mölzer: Ja, aber das ist vielleicht weniger das Problem gewesen. Tatsache war ja, daß Götz eher eine Kooperation mit der ÖVP, damals unter Taus, angepeilt hat, also eine bürgerliche Koalition, für die er auch aus seiner steirischen

97

politischen Prägung her stand. Er war insofern also schon ein Vorgänger Haiders, der ja dann diese „bürgerliche" Koalition mit der ÖVP einging, der damit aber damals gegen Bruno Kreisky nicht durchgekommen ist. Götz stand allerdings auch für eine FPÖ, die noch sehr stark wertefundiert war, sehr stark auf dem Dritten Lager basierte. Also, ich glaube, das muß man bis heute Alexander Götz durchaus zugute halten.

Strache: Ja, selbstverständlich muß man ihm das zugute halten.

Mölzer: Das heißt also, daß die Partei unter Heinz-Christian Strache im Grunde mit ihrer Geschichte, bis hin zur Ära Haider, Frieden gemacht hat. Daß sie mit sich historisch ins Reine gekommen ist nach dieser Abspaltung der Orangen. Das betrifft nicht zuletzt auch lebende Personen, die letzten Überlebenden, muß man sagen, der Gründergeneration, wie etwa den nationalen Otto Scrinzi und den eher liberalen Erwin Hirnschall. Wie beurteilst Du denn diese beiden Persönlichkeiten, wenn man das in diesem Spannungsfeld tun will?

Scrinzi und Hirnschall

Strache: Es zeigt die Breite, die auch die Freiheitliche Partei hat. Wo eben immer beide Lager in einer Einheit auch letztlich zu Hause waren, und das bringt auch das zum Ausdruck, was Friedrich Peter mir damals in einem Brief auch mit auf den Weg gegeben hat. Nämlich, daß das national-liberale Lager nie zu trennen ist in ein liberales und ein nationales Lager. Und daß nur dann, wenn man die Fähigkeit hat, diese beiden Lager auch dementsprechend geschlossen zu halten, auch der Erfolg für eine Freiheitliche Partei sicherzustellen sein wird.

Mölzer: Aber Du betrachtest, nehme ich an, Erwin

Hirnschall, der einer Deiner Vorgänger als Wiener Parteichef ist, als eine höchst verdienstvolle freiheitliche Persönlichkeit?

Strache: Höchst verdienstvoll, ja.

Mölzer: Und gilt das auch für Otto Scrinzi, obwohl dieser über lange Jahre von der FPÖ unter Haider geschnitten wurde?

Strache: Otto Scrinzi hat genauso großartige Verdienste in der Freiheitlichen Partei erworben. Genauso wie Alois Huber oder Kriemhild Trattnig und auf der anderen Seite wieder Gerulf Stix. Das ist ja genau diese Vielfalt, die wir letztlich auch sicherzustellen haben und die wir auch für eine neue Generation sicherstellen müssen.

Mölzer: Zurück, Heinz-Christian, zur – wie wir zuerst gesagt haben – katastrophalen Personalpolitik in der Ära Haider. Du hast jetzt bereits Namen wie Trattnig, Huber oder Stix genannt, die damals an den Rand gedrängt wurden. Wir haben auch über Norbert Steger gesprochen. Wie siehst Du denn das Wirken von Leuten wie etwa Norbert Gugerbauer aus dieser Zeit der damaligen frühen neunziger Jahre?

Norbert Steger

Strache: Vielleicht vorweg noch zu Norbert Steger. Man muß bei Norbert Steger vielleicht auch noch festhalten, daß er als Vizekanzler einer 5-Prozent-Partei mehr personalpolitisch erreichen konnte, als das dann in Folge jemals unter einer Obmannschaft Jörg Haiders der Fall war. Wir haben als 27-Prozent-Partei in einer Bundesregierung weniger Personal, nämlich Fachpersonal, auch in den Ministerien, letztlich etablieren können, als das unter Steger gelungen ist. Und wir haben auch jahrelang als Oppositionspartei von erstklassigen Fachleuten und Persönlichkeiten, auch

99

in Fachbereichen der Ministerien letztlich gelebt, und das haben wir schon auch Dr. Norbert Steger zu verdanken gehabt. Das möchte ich einmal festhalten. Gugerbauer war sicherlich einer der großen Strategen und Denker der Freiheitlichen Partei. Und es hat ja dann ein Zerwürfnis gegeben zwischen ihm und Jörg Haider. Jörg Haider hat, leider Gottes, und das zeigt ja auch die Parteigeschichte, nie damit leben können, daß es auch neben ihm kluge und vernünftige Leute gibt. Er hat also im Grunde genommen alle, die gleichwertig oder vielleicht sogar besser waren als er, bekämpft und versucht, sie politisch zu vernichten. Da gibt es einen großen Friedhof von „politischen Leichen", Gugerbauer zählt sicherlich auch dazu, wo er damals selbst, von sich aus, die Konsequenz gezogen hat und sich aus der Politik zurückgezogen hat, weil er das nicht mehr mittragen wollte.

Mölzer: Wenn wir schon bei den Parteigranden der damaligen Zeit sind, wie beurteilst Du denn Persönlichkeiten, die noch aus der Ära Norbert Stegers in die Ära Haiders mit hinübergewachsen sind, wie etwa Holger Bauer, Helmut Krünes?

Holger Bauer, Helmut Krünes, Hilmar Kabas

Strache: Ja, Holger Bauer, Helmut Krünes, aber auch Hilmar Kabas darf man nicht vergessen. Hilmar Kabas stammt ja auch aus dieser Zeit, er ist seit 43 Jahren Mitglied der Freiheitlichen Partei. Diese drei sind im wahrsten Sinne des Wortes Persönlichkeiten, die auch immer zur Freiheitlichen Partei gestanden sind und sich hier auch wirklich große Verdienste erworben haben. Speziell Hilmar Kabas, der auch heute – nicht zu Unrecht, sondern auch aufgrund seiner Verdienste zur Zeit der Abspaltung – Ehrenobmann der Freiheitlichen Partei ist. Ihm

100

war es zu verdanken, daß in dieser schwierigen Phase, in der alle zurückgetreten und von Bord gegangen sind und die Mannschaft zurückgelassen haben, daß er mit seiner Erfahrung als Vorstandsmitglied damals auch die Rolle des geschäftsführenden Obmannes übernommen hat, und wir ihm daher zu verdanken haben, daß die Freiheitliche Partei heute wieder nicht nur konsolidiert, sondern stark zurückkommend vorhanden ist.

Gerulf Murer

Mölzer: In diesem Atemzug ist wahrscheinlich auch noch Gerulf Murer zu nennen, der ja auch aus der Regierung Steger kommend sich die Treue zur Gesinnungsgemeinschaft immer bewahrt hat.

Strache: So ist es. Der ehemalige Staatssekretär. Ich habe eben das Vergnügen gehabt, ihn vor wenigen Wochen auch im Rahmen einer Veranstaltung in der Obersteiermark zu treffen. Das sind genau diese Persönlichkeiten, die man auch braucht, und wo ich als junger Obmann stolz darauf bin, daß wir sie in unserer Gesinnungsgemeinschaft haben. Und ich greife immer gerne auf ihren Rat zurück. Ich will jetzt nicht den Begriff „Weisenrat" strapazieren, aber es ist wichtig, auch auf den Erfahrungsschatz der älteren Generation zurückzugreifen, denn wir Jungen sind manchmal vielleicht etwas wild, etwas heißspornig und wir könnten uns oftmals Irrwege ersparen, würden wir eben auch stärker auf den Rat der älteren Generation hören.

Harald Ofner

Mölzer: Einer, von dem man in letzter Zeit wenig hört, der aber auch Minister in der Regierung Sinowatz-Steger war und lange Jahre freiheitlicher Abgeordneter, ist Harald Ofner. Wie steht es denn da, wie siehst Du da die Dinge?

101

Strache: Harald Ofner hat sich im wesentlichen auf seine Kanzlei zurückgezogen. Und er hat sich natürlich als Justizminister in seiner Ära sehr stark profiliert und ist auch der Partei treu geblieben. Er hat letztlich auch bis heute dafür Sorge getragen, daß die Freiheitliche Partei in Niederösterreich, im Bereich Mödling, von ihm stark profitieren kann.

Heide Schmidt

Mölzer: Einer, der der Partei schon früh den Rücken gekehrt hat, war der Minister Friedhelm Frischenschlager, der auch aus der Ära Steger kommt. Er ist ja gemeinsam mit Heide Schmidt damals aus der Partei geschieden. Sie haben das Liberale Forum gegründet, an das sich schon kaum mehr jemand erinnert. Wie siehst Du denn das Wirken von Frischenschlager und Konsorten oder insbesondere von Heide Schmidt?

Strache: Ja, dies sind die großen Enttäuschungen der Freiheitlichen Partei. Heide Schmidt hat ja nichts anderes gemacht als jetzt vor einem Jahr Jörg Haider und seine Klone Scheibner und Westenthaler. Heide Schmidt hat sich mit anderen Figuren aus der zweiten Reihe der Freiheitlichen Partei verabschiedet und hat mit einer Abspaltung, mit Mandatsraub, genauso versucht, der Freiheitlichen Partei nachhaltig Schaden zuzufügen. Das Gleiche haben wir vor einem Jahr erlebt, wobei man sagen kann, daß Haider die männliche Heide Schmidt ist.

Mölzer: Nur eine Zwischenfrage: Gibt es nicht heute, ein Dutzend Jahre später, ein gewisses Verständnis für Heide Schmidt, für Frischenschlager, die sich damals mit Haider überworfen haben, aus einer Position heraus, in der sich die gegenwärtige FPÖ selbst mit Haider überworfen hat?

Strache: Nein, dafür kann und werde ich nie Verständnis haben. Denn man kann sich persönlich mit jemanden in der Partei überwerfen, man kann und muß nicht immer die beste Freundschaft mit Parteifreunden haben und pflegen, aber es hat immer die gemeinsame große Klammer in den Vordergrund gerückt zu werden. Und wir haben eine Verantwortung als Führungsfunktionäre für die gesamte freiheitliche Familie und Gemeinschaft und da haben wir unsere persönlichen Befindlichkeiten zurückzustellen. Das erwarten auch die vielen ehrenamtlichen Mitglieder und Funktionäre von den Führungsfunktionären, daß die das auch vorbildhaft leben und nicht zuerst alle Vorteile für sich verbuchen, vom Mandat bis hin zur Volksanwaltschaft damals bei Heide Schmidt, bis hin, daß man zwar dem freiheitlichen Wähler vielleicht ein Ministeramt oder eine andere Funktion zu verdanken hat und dann eigentlich sehr salopp hergeht und sagt „es hat mich sehr gefreut, auf Wiedersehen". Und das ist genau das Verkaufen und Verraten, das stattgefunden hat gegenüber der Freiheitlichen Partei und auch den über eine Million freiheitlichen Wählern, die wir einmal gehabt haben. Deshalb sind solche Herrschaften auch mit solch einem Verhalten als politische Verräter zum Scheitern verurteilt.

Susanne Riess-Passer

Mölzer: Wenn wir in der Liste der Parteigranden fortfahren, dann müssen wir natürlich auch über Susanne Riess-Passer reden, die Haider ab der Mitte der neunziger Jahre aufgebaut hat. Zuerst zur geschäftsführenden Obfrau, dann zur Vizekanzlerin, zu seiner Statthalterin in der Regierung und schließlich zur Parteiobfrau. Wie siehst du denn das Wirken von Susanne Riess-Passer?

Strache: Susanne Riess-Passer war einmal vor langer Zeit ein Mitglied bei mir in meiner Bezirksgruppe, wo ich auch als Bezirksobmann gewirkt habe, im Bezirk Landstraße. Und Riess-Passer war sicherlich eine der großen Hoffnungsträgerinnen für die FPÖ. Jörg Haider hat in Folge ihr die Geschäfte übertragen und hat letztlich dadurch gezeigt, daß immer dann, wenn es darum ging, daß er selbst auch Verantwortung zu übernehmen hat, er sich aus dieser zu stehlen versucht hat, um andere vorzuschicken, die dann seine Geschäft zu erledigen gehabt hätten. Riess-Passer hat – und das wissen wir erst, seitdem ich Bundesobmann bin und eine Aufarbeitung der Finanzsituation durch eine Prüfungskommission sichergestellt habe – offensichtlich durch das Beispiel Haiders die FPÖ als persönliches Eigentum betrachtet. Das ist das Erschütternde. Wir hatten aber nach der Abspaltung auch die Reinigungskraft, das schonungslos aufzuarbeiten und auch die Konsequenzen letztlich einzufordern, sprich: Wir haben gegen beide Herrschaften auch Zivilrechtsklagen eingebracht, weil sie die Partei finanziell nachhaltig geschädigt haben. Ihr Vorgehen hat heute bei unseren moralischen Anforderungen keinen Platz in der Freiheitlichen Partei.

Verrat und Knittelfeld

Mölzer: Hast Du ein gewisses Verständnis für jene Entwicklung, die zur Entfremdung zwischen der Vizekanzlerin Riess-Passer und dem Kärntner Landeshauptmann geführt hat bis hin zu Knittelfeld? Oder siehst Du das nach wie vor als Verrat von Passer, von Westenthaler, von Grasser an der FPÖ?

Strache: Ich glaube, daß sie alle uns verraten haben. Haider hat damals vor Knittelfeld – im Grunde genommen war er ja auch der Initiator Knittelfelds – im Sternhof seine Umgebung versammelt. Im Sternhof waren damals

Jörg Haider, Uschi Haubner, die Gebrüder Scheuch, Strutz. Diese Herrschaften haben sich auf dem Sternhof getroffen, dazu den Volksanwalt Ewald Stadler, die Landesobleute Ernest Windholz, Hilmar Kabas und Hans Achatz eingeladen und dort eine Befehlsausgabe vorgenommen: Daß wir in manchen thematischen Bereichen durch die Regierungsmannschaft falsch vertreten werden und hier dafür Sorge zu tragen haben, im Rahmen eines außerordentlichen Bundesparteitages die Minister aufzufordern, daß sie die freiheitlichen Themen in der Bundesregierung durchsetzen. Das heißt, thematisch war das ja durchaus ein richtiger Ansatz, aber wir sind in Folge draufgekommen, daß sowohl von Haider als auch von den anderen Mitspielern von Haubner bis Scheuch, daß hier ein Mißbrauch der Funktionäre stattgefunden hat. Offensichtlich, um persönliche Interessen zu befriedigen, auch in der Frage Euro-Fighter, als Stichwort. Und es war so, daß natürlich dann der Rücktritt Riess-Passers, des Herrn Grasser, aber auch des Herrn Westenthaler ebenso auch ein Verrat gegenüber der FPÖ und den vielen Mitgliedern und Funktionären war. Denn Riess-Passer war Obfrau, sie war Vizekanzlerin. Grasser war Finanzminister, Westenthaler Klubobmann und alle hatten eine große Verantwortung für die Freiheitliche Partei. Und da muß man eines festhalten, als Kapitän eines Schiffes, das in Seenot gerät, kann man bitte nicht sagen, „es freut mich nicht mehr, ich setz mich in ein Rettungsboot und verlasse das Schiff, laß die Mannschaft zurück". Das ist eben diese Unverantwortlichkeit, die damals auch zum Ausdruck gekommen ist und das zeigt, daß die Führungsqualifikation dieser Herrschaften keine geeignete war, denn so hat man sich nicht zu verhalten. Wer sich so verhält, der hat sich disqualifiziert und das waren in dem Fall leider Gottes alle handelnden Personen.

Mölzer: Das heißt aber, daß damals wohl auch in Absprache mit dem Koalitionspartner ÖVP und Wolfgang Schüssel die freiheitliche Spitzenmannschaft bereits die Gesinnungsgemeinschaft verraten hat, daß Haider und seine Helfershelfer persönliche Interessen in Knittelfeld vertreten haben, um dann auch umzufallen. Wir erinnern uns ja an jenen Vorgang, als Haider dann bedroht sein wollte und plötzlich abrückte auch von der Partei. Du erwähnst das Stichwort Euro-Fighter. Soll man dahinter Vorgänge vermuten, die ungesetzlich sind, Vorgänge die mit unschönen Dingen wie Druck, Erpressung und Ähnlichem zutun haben?

Eurofighter

Strache: Naja, es ist zumindest interessant, daß damals ja auch der Initiator eben des außerordentlichen Bundesparteitages und für Knittelfeld Jörg Haider war. Auch wenn er versucht, hier seine Verantwortung immer auf andere zu schieben. Er war der Alleinverantwortliche für diese Entwicklung, weil er die Aufträge erteilt hat. Es ist schon auch eigenartig, daß jemand, der im Vorfeld dieser damaligen Ereignisse in Knittelfeld plakatieren ließ, die Euro-Fighter garantiert zu verhindern, um dann in weiterer Folge eigenartigerweise Befürworter des Kaufs zu werden, um dann in Folge im Freiheitlichen Parlamentsklub seinen Abgeordneten den Auftrag zu geben, mit Freude „Ja" zu den Euro-Fightern zu sagen. Alleine diese Entwicklung zeigt schon, daß hier etwas nicht stimmt, daß es hier offensichtlich Leichen im Keller geben muß. Ich habe seit dem Beginn meiner Obmannschaft auch schon mehrere Morddrohungen erhalten. Das ist mir aber Österreich wert und deshalb würde ich mich nie beeindrucken lassen von solchen Drohungen, denen Haider damals angeblich ausgesetzt war. Ich habe ja auch im vorhinein gewußt, welche Position ich übernehme und was auf mich zukommen kann. Das heißt, es war damals, wenn man das Revue passieren läßt, schon sehr eigenartig, was sich da abgespielt hat. Das wird man sicherlich noch näher beleuchten müssen. Wahrscheinlich wird der Abfangjägerkauf und seine merkwürdigen Hintergründe nach der Nationalratswahl, wenn diese schwarz-orange Koalition gescheitert sein wird, aufgeklärt werden müssen.

Grasser

Mölzer: Eine der Persönlichkeiten, die damals eine unselige Rolle gespielt haben, war auch der Haider-Protegé und -Liebling Karl-Heinz Grasser. Wir alle empfinden ihn ja längst nicht mehr als Freiheitlichen, haben ihn wahrscheinlich nie als Freiheitlichen empfunden. Er war aber einer der wichtigsten freiheitlichen Minister im Kabinett Schüssel I. Was sagst Du zu Grasser?

Strache: Grasser war genauso ein Günstling Jörg Haiders, der nie durch seine eigene Leistung und durch seine eigene Arbeit in eine Position gelangt ist. Grasser war 21 Jahre jung, als er von Jörg Haider als Sekretär eingesetzt worden ist, war dann in Folge auch in der Freiheitlichen Akademie tätig – als Angestellter – er wurde einfach eingesetzt. Das heißt, in all seine Funktionen, in denen er dann behaftet war, ist er durch Jörg Haider eingesetzt worden. Ähnlich wie bei Westenthaler und Scheibner, auch bei Reichhold. Das waren alles Marionetten, Günstlinge Jörg Haiders, die die Aufgabe hatten, allein ihm loyal und treu ergeben zu sein, und die es sich nicht erlaubt hätten, irgendwie kritisch aufzutreten. Er hat als Landeshauptmann-Stellvertreter schon einmal Verrat begangen in Kärnten, als er zurückgetreten ist und als junger

Mann – er war 26 Jahre alt – mit einer unglaublich tollen Gage zum Magna-Konzern gegangen ist. Mit immerhin 200.000 Schilling Monatsgage, wie es damals kolportiert wurde. Alles schon Dinge, die sehr interessant sind, auch im nachhinein. Dann kommt er plötzlich nach diesem Verrat wieder, von Jörg Haider zurückgeholt, wird wieder als Minister eingesetzt, um dann wieder Verrat üben zu können, mit seinem neuerlichen Rücktritt. Heute ist er leidenschaftliches Präsidiumsmitglied der ÖVP und ist jemand, der, wenn es um das Geld geht, überhaupt keine Berührungsängste zu irgendwelchen anderen politischen Lagern hat, weil ihm sein persönlicher Vorteil am wichtigsten ist. Es fügt sich alles in sein Gesamtbild: Seitenblickegesellschaft, seine Homepage-Affäre, die er gehabt hat, seine Verhaltensmuster damals im Fall des Tsunamis. Er hat ja die Österreicher angeschwindelt, indem er gesagt hat, er wurde von der dortigen Regierung gebeten zu bleiben, um mitzuhelfen und dann kommt man drauf, er hat einfach seinen Urlaub verlängert und sich dort in der Sonne bräunen lassen. Also, das spricht schon auch für diese Fassade, die er aufsetzt, und hinter der in Wirklichkeit ein knallharter Mensch steht, dem ich also in vielen Bereichen die Menschlichkeit und das politische Herz abspreche.

Mathias Reichhold

Mölzer: Ja, wenn wir schon bei den unseligen Akteuren von Knittelfeld sind, dann fällt uns auch der Name Mathias Reichhold ein, der ja für 40 Tage sogar Obmann der FPÖ war. Wie siehst Du denn das Wirken und die Persönlichkeit Reichholds?

Strache: Na ja, Mathias Reichhold bestätigt neben andern Personen, die damals Verrat an der FPÖ begangen haben, daß es einen ganz massiven engen Zusammenhang mit der Firma Magna gibt. Nicht nur Karl-Heinz Grasser war jemand, der bei Magna untergekommen ist, sondern in Folge auch der Herr Dr. Passer, der dort zumindest einen Steuerberatungsvertrag erhalten haben soll, bis hin zu Peter Westenthaler, der dort erwiesenermaßen einen Vertrag erhalten hat. Und Reichhold, der, wie wir wissen, als durchaus erfolgreicher Bauer und Hendlzüchter eine unglaubliche Karriere als Weltraumtechnologie-Berater geschafft hat. Das wirft dann doch zumindest die Frage auf, wie man das rechtfertigen kann. Das kann man vielleicht allgemein festhalten: Es ist nie gut, wenn ein Industrie- oder Wirtschaftskapitän Persönlichkeiten aus der Politik herauskauft, bzw. Persönlichkeiten aus der Politik sich durch gute Verträge kaufen lassen. Und das ist zumindest erkennbar, daß hier Abhängigkeiten geschaffen wurden. Die Stärke der Freiheitlichen Partei war immer jene, unabhängig zu sein und das ist das, was wir heute sicherstellen.

Mölzer: Aber es ist doch so, daß Reichhold einen Tag nach Grasser, Riess-Passer und Westenthaler zurückgetreten ist als Minister und daß erst nach seinem Rücktritt der Bundeskanzler die Koalition aufgekündigt und jene Neuwahlen ausgerufen hat, die Schüssel und der ÖVP 42 Prozent der Stimmen gebracht haben. Glaubst du, daß Schüssel Reichhold eigentlich aus Dank jetzt zum Asfinag-Vorstandsdirektor gemacht hat?

Strache: Alle diese Verhaltensmuster, auch damals das Verhalten Reichholds mit seinem Rücktritt, beweisen ja, daß es sich hier um ÖVP-Söldner handelt. Um Personen, die, um persönliche Vorteile für sich sicherzustellen, die Freiheitliche Partei und auch das Lager verraten haben und dafür als Dank auch Funktionen erhalten haben. Das zeigt jetzt auch das Postenkarussell im Zusammenhang mit Reichhold, der jetzt bei der Asfinag untergekommen ist, oder bis hin eben zu Peter Westenthaler, der ja nicht nur politisch, sondern auch wirtschaftlich gescheitert ist. Man hört ja, daß Frank Stronach nicht bereit ist, seinen Vertrag zu verlängern. Er hat ja einen Antrag gestellt auf Vertragsverlängerung. Stronach hat dies abgelehnt und deshalb drängte ja auch Peter Westenthaler in die Politik zurück, weil er wirtschaftlich offensichtlich auch keinen anderen Platz finden konnte, als für das BZÖ zu kandidieren. Und darüber hinaus hat er, falls er scheitern sollte – das heißt, er glaubt ja nicht einmal an das Projekt – von Schüssel einen Posten in der verstaatlichten Industrie eingefordert. Das zeigt ja, daß das alles Söldner, ÖVP-Söldner sind, Menschen, die sich verkauft haben, und das spüren die Menschen auch und deshalb werden diese Herrschaften scheitern. Der Name BZÖ bringt das zum Ausdruck, wofür diese Partei steht, nämlich „Bosporus zu Österreich". Das hat keine Zukunft, genausowenig wie die Rolle, auf die sich das BZÖ beschränkt hat, nämlich den ausschließlichen Mehrheitsbeschaffer für die ÖVP zu spielen, eine Zukunft hat. Da hätten die Herrschaften ehrlicher sein und gleich der ÖVP beitreten sollen. So wie sie es jetzt betrieben haben, geht's offensichtlich nur darum, das auszuführen, was Heide Schmidt im Kleinen gemacht hat, nämlich Mandatsraub zu begehen, sich Gelder, die ihnen nicht zustehen, unter den Nagel zu reißen, sich Positionen noch so lange wie möglich mit Traumgagen sicherzustellen. Und das ist das, was auf alle Fälle auf massive Ablehnung in der Bevölkerung stößt.

Mölzer: Nun ist Reichhold ja nach wenigen Wochen Obmannschaft zurückgetreten, und zwar hat der Marathonläufer Reichhold, ein großer Sportler, kurioserweise Herzrhythmusstörungen bekommen mitten im Wahl-

110

kampf, und er ist unter Hinterlassung teurer Werbemittel – es gibt heute noch Reichhold-Taschentücher, in die man hineinweinen kann – gegangen und hat die Partei damit etliche Millionen gekostet. Daraufhin ist damals Herbert Haupt gekommen, als Notnagel, und hat ein für die damaligen Verhältnisse katastrophales Ergebnis von 10 Prozent eingefahren. Er ist damit als Juniorpartner wieder in die Regierung mit Wolfgang Schüssel gegangen. Herbert Haupt, der dem Dritten Lager, dem nationalfreiheitlichen, korporationsstudentischen Lager entstammt, wurde von uns zuerst sehr solidarisch mitgetragen, es hat sich dann aber alles anders entwickelt. Wie siehst Du denn die Person Herbert Haupt als Vizekanzler, aber insbesondere als FPÖ-Chef ab 2002?

Herbert Haupt

Strache: Zum einen möchte ich vielleicht noch eines nachträglich erwähnen: Nach all den Erniedrigungen und Demütigungen, die Haider immer auch seinem Umfeld angetan hat, was ja auch zu den Zerwürfnissen geführt hat in vielen Bereichen, ist es schon interessant, welche Charakterschwäche oftmals die Personen hatten, die sich dann in Folge von ihm getrennt haben, um aber dann später wieder den Versuch zu unternehmen sich anzudienen, und heute teilweise auch wieder im selben Boot sitzen. Also wir erinnern uns an die Haider-Westenthaler-Geschichte, heute sind sie wieder ziemlich eng verbunden. Wir erinnern uns an viele Bereiche, wo Demütigungen erfolgt sind, die zur Trennung geführt hatten. In Folge sind diese Herrschaften wieder gemeinsam aufgetreten, als wäre nichts passiert. Das heißt, es muß irgendeine gemeinsame Interessenklammer geben, die ich nicht nur vermutungsweise dort festmachen kann, daß es hier offensichtlich um materialistische gemeinsame Interessen geht, denn ideologische Inhalte sind ja bei diesen Herrschaften nicht mehr zu erkennen. Und zu den Herzrhythmusstörungen von Reichhold, denke ich, habe ich da richtig gesagt, daß hier Ungereimtheiten vorlagen, als es um eine Management-Förderfunktion beim Magna-Konzern gegangen ist. Also all das zeigt, daß das alles Vorwände waren, die man damals auch beim angeblichen Krankheitsfall Reichhold erlebt hat. Damit sollte dieser Rücktritt, einen Monat vor der Nationalratswahl, als ja schon Unmengen von Geld in die Werbekampagne gesteckt worden waren, plausibel gemacht werden. Eine Woche später wieder aus dem Spital entlassen, vom zuständigen Arzt zu hören, daß die Krankheit gar nicht vorhanden war, ist ein starkes Stück. Das zeigt schon, daß da einiges noch aufzuklären sein wird, was sehr mysteriös erscheint. Bei Herbert Haupt ist die Enttäuschung besonders groß. Denn Herbert Haupt war ja immer im Dritten Lager, auch im waffenstudentischen Lager, im couleurstudentischen Lager verankert und hat sich dort auch wirklich große Verdienste erworben. Deshalb ist es besonders unverständlich, daß ein Mann wie Herbert Haupt es nicht geschafft hat, bei all dem Irrsinn, den Jörg Haider verursacht hat, sich von diesem zu lösen und offensichtlich weiterhin bedingungslos auch dem Irrsinn folgt und hier nicht erkennt, daß man mit einem Menschen brechen muß, der letztlich mit der Partei gebrochen hat. Und der die Partei in dieser unverantwortlichen Art und Weise auch in eine der größten Krisen geführt hat.

Mölzer: Nun ist ja Herbert Haupt einer, der, wie Du sagst, Verdienste hat um dieses Lager. Er hat etwa als Sozialminister die Stiftung für das Haus der Heimat in Wien betrieben, er hat dem Österreichischen Pennälerring Hilfe zuteil werden lassen, er hat also einiges getan. Auf der anderen Seite ist er trotz dieser Demütigungen, von denen Du sprichst – die ja offenkundig waren –, von denen er selbst im kleinen Kreise auch immer gesprochen hat, nach der Spaltung interessanterweise weiter im Lager des orangen Abspalters Haider geblieben. Glaubst du, daß das auch etwas zu tun hat mit späteren Karriereplänen?

Strache: Man kann das nicht ausschließen. Es ist zumindest auch hier natürlich der Vorwurf vorhanden, daß Herbert Haupt in seiner Zeit als Obmann nicht dafür Sorge getragen hat, die stattgefundenen Finanz-Malversationen aufzuklären. Es war dann in Folge meine Aufgabe als Obmann, eben diese Finanz-Malversationen schonungslos aufzuarbeiten, um auch hier letztlich zu unserem Recht zu kommen und vor allen Dingen auch das Finanzdebakel von der Freiheitlichen Partei abzuwenden, das andere verursacht haben. Diesen Vorwurf muß man ihm machen, das ist für mich auch nicht nachvollziehbar, warum er da nicht ausreichend tätig geworden ist. Auf alle Fälle gewinnt man den Eindruck, als hätte er ein so großes Naheverhältnis zur Person Haider, daß er sich trotz aller Demütigungen und trotz aller Fehlleistungen, die Jörg Haider zu verantworten hat, es nicht geschafft hat, sich als eigenständige Persönlichkeit auch zu positionieren und zu emanzipieren.

Haiders Vernichtungsversuch

Mölzer: Heinz-Christian, im Frühjahr 2004 war dann die Stimmung innerhalb der FPÖ bereits so vergiftet, daß man eigentlich schon von zwei Lagern sprechen konnte. Es war aber trotzdem so, daß Du zu dieser Zeit schon als Wortführer des prinzipientreuen freiheitlichen Lagers galtest, und es gab ja da auch im Hintergrund Verhandlungen und Gespräche, – auch mit Haider oder mit Leuten Haiders – unter anderem ein Treffen in Wien, wo sogar ein

Protokoll ausgehandelt wurde. Und da gab es ja ein interessantes Protokoll mit handschriftlichen Notizen. Wie war denn die Stimmung bei diesem Gespräch damals?

Strache: Es hat mehrere Gespräche gegeben. Das erste fand in Wien statt, das zweite in Klagenfurt und es wurde ein drittes in Wien vereinbart, nämlich für diesen ominösen 4. April, an dem es dann zur Abspaltung kam.

Mölzer: Um es historisch festzuhalten, habt Ihr das alles dokumentiert?

Strache: Ich habe damals diese Gespräche tatsächlich dokumentiert, alle Daten aufgeschrieben. Es war so, daß ich beim ersten Gespräch zuerst eine halbe Stunde alleine mit Haider redete. Dann kamen Hilmar Kabas und Gerhard Bauer dazu, das habe ich ganz bewußt festgesetzt, um Zeugen zu haben. Weil ich ja schon aus der Vergangenheit, aus persönlicher Erfahrung heraus wußte, daß Gespräche unter vier Augen mit Haider nicht halten. Nämlich deshalb nicht halten, weil er jemand ist, der später das Gegenteil behauptet. Auch aufgrund von Warnungen von vielen Freunden wie Karl Schnell und anderen habe ich es mir zur Gewohnheit gemacht, immer einen Zeugen dabei zu haben. Und es war so, daß ich bei diesem Gespräch darauf bestanden habe, daß er keine neue Parteigründung vornimmt, daß die FPÖ sich wieder ihrer alten Themen, ihrer Wurzeln bewußt wird, und es wurde also im Zuge dessen auch darüber gesprochen – das habe ich ihm auch abverlangt – daß es keine Parteiausschlüsse gibt und geben darf. Denn es war damals auch schon die Debatte, Andreas Mölzer, also Dich, und andere auszuschließen und die Freiheitliche Partei insofern zu verengen, daß man nämlich das wichtige Dritte Lager, das nationalfreiheitliche Lager, abkappen wollte. Man wollte ja im Grunde genommen zu einer – und das war das, was ja dann auch später bestätigt wurde – Renaissance, einer Neuauflage des Liberalen Forums kommen. Und das war etwas, was mir zutiefst zuwider war und auch nicht meinen Idealen entsprach. Wir haben dann

„6-Punkte-Programm" gegen Strache-Vorschlag

weitere Gespräche gehabt, das war also dann 14 Tage vor der Abspaltung, ein Gespräch in Klagenfurt – wo ich aber keinen Zeugen dabei hatte – da waren wir unter vier Augen, wo ich eine Vertragsvereinbarung mitgebracht habe. Ich habe zugewartet bei diesem Gespräch und Haider begann mit einem 6-Punkte-Programm, das er handschriftlich dabei hatte. Wir könnten diesen Zettel faksimilieren, auf dem er handschriftlich sechs Punkte notiert hatte, und sagte, das wäre ein gute Grundlage für eine Vereinbarung. Und ich sagte, das ist zu seicht formuliert, das ist zu wenig griffig, zu wenig festmachbar und habe ihm dann meine drei A4-Seiten, die ich vorbereitet hatte, vorgelegt und ihm gesagt, er solle das notieren, seine Anmerkungen machen und das wäre eine gute Grundlage für eine Vereinbarung. Und die hat er dann auch mit mir gemeinsam paraphiert, hat dann in der Folge gesagt, daß er 14 Tage im Ausland verweilen würde, nicht da sein werde, und ich daher absolutes Stillschweigen bewahren solle, niemand dürfe etwas davon erfahren. 14 Tage später, wenn er zurückkäme, würde er sich melden und dann würden wir eine gemeinsame Pressekonferenz abhalten, um so die Rettung, die Zukunft des freiheitlichen Lagers zu sichern, und das würden wir präsentieren.

Scheinverhandlungen

Mölzer: Nun war es ja so, daß man in der medialen Berichterstattung immer wieder hörte, Haider würde Dir an-

bieten, daß er also wieder Obmann wird und Du geschäftsführender Obmann und Dich als die Nachwuchshoffnung
der Partei unter seiner Führung entwickeln könntest.
Andererseits hat er ja bereits damals in verschiedensten
Sitzungen, in einem Bundesparteivorstand in Klagenfurt
etwa, vermehrt Scherbengerichte abgehalten über Partei-
mitglieder, die ihm nicht genehm waren, ob das meine
Person war oder Ewald Stadler und andere, und sich natürlich immer wieder auch mit negativen Äußerungen über
Dich in den Medien oder im parteipolitischen Umfeld geäußert. Was hat denn Deines Erachtens dazu geführt, daß
diese Abmachung, die Du mit ihm da getroffen hast, von
ihm nicht gehalten wurde bzw. scheinbar mit dem Ziel, sie
von vornherein zu brechen, gemacht wurde?

Scherbengericht

Strache: Also zum ersten hatte er in meiner Person das
erste Mal jemanden, der all das, was er jemals erreicht
hat, auch politisch, durch eigene Arbeitskraft erreicht
hat. Er stand plötzlich einer Person gegenüber, die nicht
von ihm abhängig war, die nicht seine Marionette war,
so wie Westenthaler und andere, und er hat es nicht für
möglich gehalten, daß hier jemand sitzt, der Grundsätze hat, Grundsätze vertritt und auch bereit ist, für seine
Grundsätze die Auseinandersetzung mit ihm zu suchen.
Da hat er – wenn man so will – vielleicht auch in mir
seinen Meister gefunden. Damit ist er nicht zu Rande gekommen. Er hat deshalb dann, nachdem er versucht hat,
immer wieder ein Scherbengericht über mich, über Dich,
über andere vorzunehmen, erkannt, daß die Bereitschaft
da ist, diese Auseinandersetzung auch mit ihm zu suchen
und nicht davor zurückzuschrecken. Deshalb, aus dieser
Situation heraus, hat er dann begonnen zu verhandeln, was

ja normalerweise gar nicht seiner Intention entspricht, denn er hat ja in der Vergangenheit immer irgendwelche Männer fürs Grobe vorgeschickt, die alles bereinigt haben. Das war aber nicht mehr machbar. Er hat im Großen und Ganzen immer dann Angst, wenn er merkt, daß es sich zuspitzt und daß es wirklich auf eine Auseinandersetzung zuläuft, und so versuchte er dann, mit Verhandlungen das Ganze in seine Richtung zu bringen und ist dabei letztlich auch gescheitert. Wenn ich an Klagenfurt zurückerinnern darf, er hat ja dann in Folge, nachdem wir den Vertrag, die Vereinbarung paraphiert hatten, dann noch quasi im vertraulichen Gespräch zum Besten gegeben, ich soll doch endlich vernünftig werden, soll nicht mehr über den Euro-Fighter-Deal sprechen, ich soll mich nicht gegen den Türkeibeitritt verwehren, daß sei alles etwas, das notwendig sei. Und das waren Dinge, wo ich ihm auch heftigst widersprochen und ihm gesagt habe, das kann nicht sein, das entspricht nicht meinen freiheitlichen Idealen, das werde ich weiter betreiben und das ist unsere Aufgabe, das ist die Aufgabe der Freiheitlichen Partei. Und da war mir schon klar, daß dieser Mann längst woanders ist und das Geschäft anderer, nämlich in diesem Fall der ÖVP und irgendwelcher Lobbyismusgruppen, der Industrielobbys etc. betreibt. Und warum hat er sich da nicht daran gehalten? Weil er wahrscheinlich gar nicht vorgehabt hat, sich daran zu halten. Es war für ihn nur mehr ein Zeitgewinn.

Absprache Haubner–Schüssel

Er hat versucht, uns das schwarze Bummerl zuzuschieben, er hat einen Zeitgewinn gebraucht, hat meiner Meinung nach schon bei Paraphierung nur mehr vorgehabt, die 14 Tage ins Land ziehen zu lassen, um dann zurückzukommen und den Abspaltungsschritt bekannt zu geben.

Das heißt, dieser Mann hat keine Handschlagsqualität, keine Vertragsqualität und es war auch mit Bundeskanzler Schüssel akkordiert, wie wir heute wissen. Am Tag, an dem wir die Vereinbarung unterfertigt haben, war Uschi Haubner im Auftrag Haiders bei Kanzler Schüssel – das hat Kanzler Schüssel ja auch in einem Zeitungsinterview bestätigt, in dem er zugegeben hat, daß er am gleichen Tag Haubner das OK für den Abspaltungsprozeß 14 Tage später gegeben hat. Und in dieser Zwischenphase, wo er im Ausland war, fand die Bundesvorstandssitzung statt, wo man Dich ausschließen wollte. Ich habe es geschafft, daß es keine Mehrheit dafür gegeben hat, das Bummerl wiederholt Dir zuzuschieben, um das als Rechtfertigung herzunehmen, die Partei abzuspalten und als Führungsmannschaft eine andere Partei zu gründen.

Mölzer: Na ja, es war ja so, daß diese Versuche, mich auszuschließen – es ist ja nicht geglückt – für Haider offenbar der Prüfstein waren, wie weit er die Partei in der Hand hat. Dabei schien er meines Erachtens darauf gesetzt zu haben, Dich noch für einige Zeit ruhig zu stellen mit solchen Scheinverhandlungen und auf der anderen Seite dieses Scherbengericht durchzuziehen. Wie siehst Du diese Phase?

Strache: Es war so, also man hat es ja versucht und man hat mir mehrmals unmoralische Angebote gemacht. Sie haben eben damit gerechnet, daß ich wahrscheinlich so handle, wie es die bisher handelnden Personen in seinem Umfeld immer akzeptiert haben. Ich war eben der Einzige, der seinen unmoralischen Angeboten nicht nachgekommen ist. Es war ja auch so, daß während der Vorstandssitzung, bei der es um Deinen Ausschluß gegangen ist, man zu mir hergekommen ist – unter anderem Uwe Scheuch und andere – und mir unmoralische Angebote gemacht hat. Das ging vom Ministeramt bis zu sonstigen Versprechungen. Ich habe gesagt „nein, nie und nimmer", ich lasse mich nicht darauf ein, mir geht es um eine prinzipielle Frage und Andreas Mölzer ist ein Teil des freiheitlichen Lagers, auf den wir nicht verzichten dürfen. Man muß Kritiker in den eigenen Reihen aushalten, das ist auch eine Bereicherung und ist notwendig, denn natürlich macht jeder und jede Partei Fehler und da braucht es ein kritisches Regulativ, das freundschaftlich auch gebraucht und gesehen werden soll und da kann und darf es nicht dazu kommen, daß man so jemanden ausschließt und dann ein Scherbengericht vornimmt. Und da haben wir uns erfolgreich dagegen gewehrt und dann hat man versucht, das als Ausstiegsszenario für die Abspaltung herzunehmen. Wie ja schon früher einmal in einer Vorstandssitzung, ich weiß nicht, ob Du sie erlebt hast, bei der auch schon einmal vorher quasi der Abspaltungstermin festgestanden ist und nur dadurch, daß damals ich, Ewald Stadler, Johann Gudenus und andere sich zurückgezogen und ihre Funktion zurückgelegt haben, der Beschluß nicht zustande kam.

Gezielte Zerstörung der FPÖ

Mölzer: Offensichtlich ist in dieser ganzen Phase minutiös – während man nach außen so getan hat, als wenn man noch Gespräche führen würde – die Abspaltung und die Neugründung vorbereitet worden, hat es die Aufträge gegeben an die Agentur Rumpolds, hat es die Homepage-Seiten und alle diese Dinge gegeben. Und man hat die Zerstörung der Freiheitlichen Partei eigentlich gezielt betrieben, oder?

Strache: Das war ein gezielter Versuch, die Freiheitliche Partei zu zerstören, die Regie dahinter hat Schüssel geführt. Der Regisseur ist Schüssel gewesen. Haider war nur mehr seine Marionette und hat den Kasperl gespielt für Schüssel, so wie er ihn heute spielt, und genau das ist ja die Erkenntnis aus dieser Geschichte und das zeigt ja auch, wie sehr man sich in einem Menschen täuschen kann. Daß ist ja das Dramatische auch für über eine Million freiheitliche Wähler, die erkennen mußten, daß es sich bei Dr. Haider um einen Pharisäer handelt.

Schüssel der Drahtzieher

Mölzer: Na ja, jetzt muß man sich ja vorstellen, daß der Bundeskanzler, der im Jahr 2002 bei Knittelfeld nur wegen einer Delegiertenversammlung die Regierung platzen ließ, diesmal die Regierung nicht platzen ließ, obwohl von einer Partei, mit der er die Koalition abgeschlossen hat, nämlich mit der FPÖ, sich 16 von 18 Abgeordneten abgespalten haben und alle Regierungsmitglieder in eine Gruppe gegangen sind, die nicht demokratisch legitimiert war. All das ist nur möglich gewesen, weil es der Kanzler nicht nur mitgetragen, sondern offenbar mitgeplant hat, das glaube ich auch.

Gesprächsverweigerung Schüssels

Strache: Das ist eines Rechtsstaates unwürdig, was hier Kanzler Schüssel betrieben hat, er hat ja auch in Folge Gesprächsverweigerung betrieben. Es betraf den interimistischen Obmann und auch wesentlichen Mitretter der FPÖ, nämlich Hilmar Kabas, jemand, der ja auch einen aufrechten Koalitionsvertrag mit der ÖVP und mit Kanzler Schüssel hatte. Schüssel hat nicht einmal das Gespräch gesucht. Ich habe in der Folge, nachdem ich zum Bundesobmann gewählt worden bin in Salzburg, zweimal schriftlich das Ersuchen an den Bundeskanzler gerichtet, ein Gespräch mit ihm vornehmen zu wollen, um von ihm

erklärt zu bekommen, wie er jetzt die weitere Vorgangsweise sieht, und wie er das mit dem Koalitionsvertrag auch
vereinbaren kann. Er hat uns nicht einmal zurückgeschrie-
ben, er hat Gesprächsverweigerung betrieben, einzigartig
in der Zweiten Republik. Es hat noch kein Vertreter einer
politischen Partei, noch kein Kanzler zu einem Parteiobmann einer demokratisch legitimierten Partei Gesprächsverweigerung betrieben, das ist einzigartig und zeigt den
Machtrausch der ÖVP.

Mölzer: Schauen wir uns weiter an, wie das gelaufen ist.
Am 4. April 2005 haben Haider, Haubner, die ganzen
orangen Minister, umringt von den Gebrüdern Scheuch,
von Herrn Rumpold, von Herrn Petritz in der Urania das
BZÖ aus der Taufe gehoben. Ich war zufällig auch dabei,
so wie ein gutes Dutzend Jahre zuvor bei der Gründung
des Liberalen Forums.

Es bringt anscheinend kein Glück, wenn ich bei einer
Parteigründung bin. Es war sehr interessant, es ist ja dramatisch und schnell gegangen. Am 6. April haben wir in
Kärnten einen kleinen Freundeskreis zusammengerufen,
der überlegen wollte, wie es weitergehen soll. Und ich kann
mich erinnern, daß wir in Handtelefonaten vom interimistischen Parteiobmann die Mitteilung bekommen haben,
daß man Haider wegen dieser parteischädigenden Aktion
ausschließen wolle. Wie hast Du diese Tage erlebt?

Strache: Es waren sehr schwierige Tage, aber auf der einen Seite hat man im Hinterkopf schon auch immer damit
rechnen müssen, daß dieser Mann nicht mehr Herr seiner
selbst ist und schon am Band anderer Interessensgruppen
hängt, aber andererseits hatten wir immer auch in allen
Szenarien mit allem gerechnet. Es war natürlich schon
überraschend, daß er es in dieser durchschaubaren Art vorgenommen hat. Er dürfte also ziemlich nervös und auch

121

ein ziemlich Getriebener gewesen sein. Wir haben uns sehr, sehr schnell auch zusammengesetzt nach dieser Pressekonferenz in der Urania. Ich sage, ab diesem Zeitpunkt war das Kasperltheater ja von der FPÖ entfernt und hat sich beim BZÖ eingefunden. Da waren sie in der Urania auch richtig, denn dort gehe ich auch an den Wochenenden mit meinen Kindern immer wieder hin, dort wird ja das Kasperltheater auch zelebriert.

Urania Kasperltheater

Es hat durchaus ein besseres Niveau als das des BZÖ. Aber, das war natürlich sehr spannend, wir haben uns damals noch am selben Abend zusammengesetzt, wir haben die Parteiobleute der Bundesländer zusammengerufen, wir haben uns zusammengefunden, haben diese Situation besprochen und wir waren sehr schnell auch mit dem interimistischen Bundesobmann Hilmar Kabas über eine gemeinsame Linie klar und einig und wir haben dann wieder eine konsequente freiheitliche Politik vorangetrieben. Wir hielten einen Parteitag ab, bei dem auch die Zukunft der FPÖ in wenigen Wochen gesichert werden mußte, denn wir hatten ja eine Schuldenlast zu tragen und darüber hinaus in der öffentlichen Wahrnehmung eine katastrophale Ausgangssituation. Wir mußten also einen Rucksack mit Steinen übernehmen, bei dem uns klar und bewußt war, das wird ein sehr, sehr harter verantwortungsvoller Weg. Aber wir haben gesagt, unser Herz schlägt für diese Freiheitliche Partei, für unsere Programmatik und dafür sind wir bereit, auch dieses Opfer letztlich auf uns zu nehmen und die Freiheitliche Partei Österreichs zu retten.

Das „Wunder von Wien"

Das ist uns in kurzer Zeit gelungen. Das BZÖ hat ja überall durch Wahlen eine demokratische Absage erhalten, während die Freiheitliche Partei sich im Großen und Ganzen, auch in der Steiermark, aber vor allem im Burgenland konsolidieren konnte. In Wien schafften wir eine blaue Wiedergeburt, ein blaues Wunder mit 15 Prozent. Dies ist auch als ein erster Testlauf für eine Nationalratswahl anzusehen.

Mölzer: Aber so weit waren wir ja damals noch nicht. Das konnten wir ja nicht wissen, die wir also da in den ersten Apriltagen beschlossen haben, die Partei weiterzuführen, sie zu retten. Es hat ja damals so ausgeschaut, als würden zwar fünf Landesgruppen gemeinsam mit den Wienern, also insgesamt fünf, zur blauen Fahne stehen. Die restlichen aber würden hinüberwandern zur neuen orangen Gründung, so wie der Parlamentsklub und die Regierungsmannschaft. Es hat sich aber dann herausgestellt, daß Haider sich mit den anderen Landesgruppen verrechnet hat. Wie siehst Du denn die Entwicklung der Landesgruppen in der Folge, die sich dann, wie wir heute wissen, doch wieder um die Bundespartei und um Dich geschart haben?

Strache: Es war eine sehr, sehr schwierige Situation, denn mit der Abspaltung der Landesgruppe Oberösterreich und dann in Folge der Abspaltung der Landesgruppe Vorarlberg war natürlich die FPÖ in ihrer historisch schwierigsten Situation zusätzlich geschwächt. Und es lag noch mehr Verantwortung und noch eine größere Last auf meinen Schultern und auf denen meiner Stellvertreter, meines Teams. Und es war klar, wir müssen die Partei von innen heraus erneuern, neu strukturieren, wir müssen verläßliche, charakterfeste Persönlichkeiten finden und aufbauen und wir müssen es schaffen, die abgesprungenen Bundesländer wieder zurück zu gewinnen.

„Rückholaktion"

Da war am Beginn die Konzentration voll darauf gerichtet. Ich habe dann sofort auch eine Tour durch Oberösterreich gemacht, bin über vier Wochen, sechs Wochen sogar insgesamt, von einer Stadt, einem Ort, einem Dorf zum nächsten gefahren und habe dort mit den Funktionären den Kontakt gesucht und das hat ja auch dazu geführt, daß wir sehr, sehr rasch auch die Wiedervereinigung mit Oberösterreich und dann auch in Folge mit Vorarlberg letztlich feiern durften. Natürlich war die Verunsicherung eine sehr große. In der damaligen Phase haben wir unverzagt an uns geglaubt und es gibt ja den bekannten Spruch: Der Glaube versetzt Berge. Und wer an sich glaubt, der kann auch erfolgreich sein. Wir haben immer an uns geglaubt.

Mölzer: Und offenbar ist es Dir und den anderen führenden Freiheitlichen auch gelungen, Freunde doch wieder zu überzeugen, die am Anfang vielleicht ein bißchen geschwankt haben. Oberösterreich hast Du genannt, Vorarlberg hast Du genannt, auch die Steiermark war am Anfang ganz kurz in der Schwebe, wie wir wissen. Insgesamt haben wir aber, außer Kärnten, jetzt eigentlich die Geschlossenheit der Partei wieder. Kärnten ist ja das einzige Bundesland, wo man wirklich genötigt war, eine neue Landesgruppe zu gründen – neben der auf Druck des Landeshauptmanns mehr oder weniger nach außen hin geschlossenen alten Landesgruppe, die hinübergegangen ist. Wie ich als Kärntner weiß, ist es in der Tiefe und hinter den Kulissen keineswegs so, da ist es eher der Druck des Landeshauptmanns, der die Menschen abhält, zu ihren

Überzeugungen zu stehen. Wie siehst Du denn das Kärntner Problem?

Politischer Kriminalfall

Strache: Also ich sehe prinzipiell die Vorgangsweise der Herrschaften, die sich abgespalten und eine neue Partei gegründet haben, als einen Kriminalfall an. Das ist ein politischer Kriminalfall der Zweiten Republik. Warum? Man hat Verantwortung in einer Partei in einer Führungsfunktion, verläßt die Partei, gründet eine neue Partei, nimmt Vermögen der Partei, die man verlassen hat, mit, nimmt Dateien mit, Adressenmaterialen mit, nimmt eine Landesgruppe und deren Vermögen mit. Reißt sich den Parlamentsklub unter den Nagel, mit den Geldern. Alles als eine neu gegründete Partei, die niemals gewählt wurde, die niemals einen Auftrag erhalten hat, niemals ein Mandat erhalten hat in dieser Republik Österreich. Und der Kanzler, der Nationalratspräsident und der Bundespräsident sehen ungerührt zu und lassen diesen Dingen freien Lauf. Das ist eigentlich das Erschütternde. Und Kärnten ist der Sonderfall. Ich war jetzt sehr häufig in Kärnten, wir haben ja eine schöne Großveranstaltung gehabt im Konzerthaus in Klagenfurt. Als Vorgeschichte muß man vielleicht erwähnen, daß ein schon gebuchtes anderes Lokal so unter Druck gesetzt worden ist, so starkes Mobbing erlebt hat – offensichtlich von Seiten des Umfeldes des Landeshauptmannes – daß wir dann trotz Zusage die Veranstaltung dort nicht vornehmen durften und ins Konzerthaus wechseln mußten. Das Konzerthaus war allerdings überfüllt und dort wurden Besucher von BZÖ-nahen Leuten photographiert. Unter dem Motto, „Wer ist dort? Wer darf in Zukunft nichts mehr werden in Kärnten? Wen muß man unter Druck setzen?", also das sind richtige Ungeheuerlichkeiten. Das heißt, Haider als Landeshauprmann in Kärnten agiert nur mehr mit Druck, mit Mobbing.

Kärnten – ein Sonderfall

Die Menschen haben teilweise Angst, sich zu uns zu bekennen, sagen unter vier Augen, daß sie auf unserer Seite stehen, aber es sich öffentlich nicht leisten können, weil sonst Probleme im öffentlichen Dienst, bei Subventionen, bei konkreten Genehmigungen entstehen. Das wird dem Landeshauptmann spätestens bei der geheimen Wahl, bei der kommenden, präsentiert werden. Die Menschen lehnen so etwas ab, auch in Kärnten.

Mölzer: Also Haiderscher Spätstalinismus im Rückzugsgebiet Kärnten?

Haiderscher Spätstalinismus

Strache: Kann man so sagen oder so sehen. Man kann aber auch sagen, daß das, was ich auch einem ehemaligen roten Landeshauptmann Wagner zum Vorwurf gemacht habe, jetzt potenziert wird. Wagner erscheint gegenüber Haider als ein liebenswürdiges Lämmchen.

Messias Westenthaler

Mölzer: Nun sind wir ein gutes Jahr nach dieser Abspaltung und sehen bei diesem Gespräch ja schon ein bißchen die weitere Entwicklung ab. Kurioserweise wurde in diesen Tagen ein Mann Chef der orangen Partei, der sich 2002 spektakulär mit Haider überworfen hat. Ein Mann, den Haider beschimpft hat als Nehmer und als Rumpelstilzchen und was auch immer. Ein Mann, der selber gesagt hat, wir nehmen den Hut und sagen Adieu, der wird jetzt plötzlich als neuer Messias des BZÖ gehandelt. Es erscheint mir dabei als typisch, daß Haider sich selber wieder aus der Verantwortung drückt, weil er offenbar sieht, daß das Ganze danebengeht. Wie beurteilst Du denn diesen Vorgang?

Strache: Ja, Peter Westenthaler ist ein Verräter, immer auf dem Boot, nicht mehr und nicht weniger. Peter Westenthaler war ja immer ein Kofferträger. Und ich meine ein Kofferträger als Hoffnungsträger, das kann nicht funktionieren zum einen, zum anderen hat er immer einen Herrn gesucht, dem er als Playback-Diener zur Seite stehen kann. Er war ja nie eine eigene Persönlichkeit, er hat für Haider als Sekretär und Kofferträger gearbeitet, ist von Haider in alle Positionen gehievt worden, hat dann in Folge sich im Klubobmann der ÖVP, dem Herrn Khol, einen neuen Herrn gefunden, von dem er ganz angetan war und begonnen hat, sich von Haider zu lösen und Khol als ÖVP-Söldner und Mehrheitsbeschaffer zu dienen. In der Folge hat er dann einen neuen Herrn gehabt in Person von Frank Stronach. Also immer dasselbe Spiel, er war nie eine eigene Persönlichkeit und jetzt muß man sich schon allmählich die Frage stellen, welches Rückgrat, welchen Charakter jemand hat, der sich von Haider beschimpfen, demütigen und diktieren hat lassen und dann nicht einmal den Mut aufbrachte, sich gegen Haider zu stellen und das durchzukämpfen, sondern einfach ging – um sich Jahre später Haider für einen Posten wieder an den Hals zu werfen. Also das alleine zeigt ja schon das Charakterbild von Peter Westenthaler.

Westenthaler als Schwarzer Peter

Und es war ja keine Überraschung. Seit Wochen erleben wir eine Debatte, wer wird Spitzenkandidat bei dieser „Bosporus zu Österreich"-Partei, es wäre eine Überraschung gewesen, wenn die Vernunft und der Überlebenstrieb gegen seine Publicity-Sucht und sein Versorgungsdenken gesiegt hätten. Ich sehe das auch so wie Du, daß im Grunde genommen Haider längst diese Totgeburt BZÖ als solche erkannt hat und sich deshalb rechtzeitig zurückzieht, um den Schwarzen Peter jemandem anderen zu geben.

Mölzer: Jetzt heißt es ja immer, auch in lancierten Leserbriefen in der größten Zeitung des Landes, Westenthaler könne der Retter und Einiger des Dritten Lagers sein. Meines Wissens hat Westenthaler mit dem Dritten Lager, mit dem nationalfreiheitlichen Lager so viel zu tun wie die sprichwörtliche Kuh mit dem Klavierspiel. Wie siehst Du diese sehr durchsichtige Taktik, da wieder eine Wiedervereinigung anzupeilen.

Strache: Die Rechnung dieser Zerstörungspersönlichkeiten ist ja nicht aufgegangen. Und der Versuch und das Wollen war, die Freiheitliche Partei zu zerstören. Sie sind gescheitert, sie haben überall eine Absage erhalten und wir haben Verantwortung übernommen und die FPÖ gerettet. Das heißt, es ist ja alleine schon abstrus, wenn man heute hört, daß jene, die keinen Wählerauftrag erhalten, die kaum die 1-Prozent-Marke überspringen bei Wahlen, von einer Wiedervereinigung reden, obwohl sie selbst den Zerstörungsprozeß eingeleitet haben. Diese Herrschaften haben die FPÖ auf unter 5 Prozent heruntergeführt und wir haben mit unserer Verantwortung die Freiheitliche Partei Österreichs wieder von 3 auf 15 Prozent hinaufgebracht in kurzer Zeit. Das zeigt: Wenn, dann sind wir die Retter und wir haben die Rettung der FPÖ längst sichergestellt. Diese Herrschaften arbeiten nur noch weiter daran, uns so gut wie möglich zu schwächen und das mit Wohlwollen des Bundeskanzlers. Schüssel hat das konkrete Interesse, die Freiheitliche Partei Österreichs bei der kommenden Nationalratswahl nicht als Dritter zu sehen. Denn nur wenn wir Dritter werden, gibt es weder rot-grün noch schwarz-grün. Und er will sich aber die Grün-Option offen halten. Und wenn wir Dritter werden, ist das unmöglich. Das heißt, er versucht jetzt mit Hilfe seiner Medienkontakte uns so weit wie möglich noch zu schwächen und hinter den Grünen ins Schlittern zu bringen. Und das werden wir zu verhindern wissen. Das ist natürlich die Ausgangsposition und da muß man vielleicht zu Westenthaler schon noch sagen, daß er jemand ist, der ja bitte politisch gescheitert ist 2002. Wirtschaftlich höre ich, daß er keine Vertragsverlängerung bei Frank Stronach erhalten sollte. Es stellt sich also die Frage, wer ihn im Moment finanziert als BZÖ-Spitzenkandidat, als BZÖ-Obmann. Wer zahlt seine Gage? Magna?

Mölzer: Interessante Frage …

Strache: Wer finanziert Westenthaler und das BZÖ? Ist es die Waffenlobby, stecken Eurofighter-Interessen dahinter, ist es die Marktwirtschaft über das Infrastrukturministerium? Gorbach, der ja davon gesprochen hat, daß er 700.000 Euro an Spenden aufgetrieben haben soll. Welche Marktfirmen stecken dahinter? Gibt es Kontakte zwischen den Firmen, die angeblich für das BZÖ spenden, und dem Infrastrukturministerium?

BZÖ Finanzierung – ein Sumpf

Hat das Infrastrukturministerium unter dem Vizekanzler Gorbach hier Aufträge an Firmen gegeben und erhält dafür jetzt Spenden fürs BZÖ? Das wird abzuklären sein. Oder sind es Kreise aus Libyen, woher kommt das Geld? Diese Offenlegung wäre von Bedeutung und ich glaube, daß hier sichtbar würde, daß Westenthaler ein Söldner im Dienst der ÖVP ist, ein Söldner im Dienst der Industrie

129

und daß er auch keine Vertretung für den Österreicher darstellt, vor allen Dingen nicht für den „kleinen Mann".

Mölzer: Und nicht für das Dritte Lager.

Strache: Das steht außer Zweifel. Man darf auch nicht vergessen, daß Westenthaler sich ja bitte im Wiener Wahlkampf massiv als Wunderwuzzi eingebracht hat. Er hat ganz großartig Veranstaltungen als Redner unterstützt. Er hat Inserate in der größten Tageszeitung Österreichs schalten lassen, in denen er für das BZÖ seine gesamte Persönlichkeit ins Rampenlicht gebracht hat. Wir wissen, das BZÖ hat 1,2 Prozent-Punkte in Wien erreicht und lag damit hinter der KPÖ. Also man sieht, daß diese Person keine Kraft hinter sich hat und das werden wir bei der kommenden Wahl bestätigt bekommen.

Reinigungsprozeß

Mölzer: Also wenn wir diese Abspaltung, die da vor einem Jahr erfolgt ist, replizieren, oder resümieren, dann muß man sagen, daß jetzt das letzte Aufgebot der Haiderschen Kofferträger diese Truppe retten soll. Daß sich der Guru der Abspaltung scheinbar schon zurückzieht auf sein Kärntner Altenteil und sich vorsorglich distanziert. Ich glaube doch sagen zu können, daß diese Abspaltung summa summarum ein Selbstreinigungsprozeß der freiheitlichen Gesinnungsgemeinschaft war und daß man eigentlich eine riesige Hypothek von Opportunisten, Karrieristen und politischen Wendehälsen losgeworden ist, die uns seit langen Jahren gelähmt haben. Wie siehst Du das?

Schizophrenie überall

Strache: Ich würde fast sagen: Pack schlägt sich, Pack verträgt sich. Das zeigt sich ja auch an dem Sammelsurium

130

jener Mitstreiter, das sich heute im BZÖ wieder findet, und so kann man auch das Verhältnis Jörg Haiders und Peter Westenthalers beschreiben. Da gibt es wunderschöne Zitate, als im Dezember 2001 Haider über Westenthaler sagt: Der Westi wird langsam zum Problemfall, er hängt zu sehr am Gängelband des Khol. Oder als im Februar 2002 Haider über Westenthaler sagt: Zivilcourage ist nicht jedermanns Sache. Oder als er später sagt, man laufe einer Partei, der manche alles verdanken, nicht einfach davon. Die FPÖ ist eine Idee, die läßt man sich nicht von Schwächlingen kaputt machen. Also das Gleiche kann man dem Herrn Haider auch noch nachträglich nachrufen. Westenthaler würde ungeachtet des Wahlkampfs bei vollen Bezügen zu Hause sitzen, kritisiert Haider und wirft ihm vor, sich die Taschen mit Geldern vollzustopfen. Und umgekehrt sagt Westenthaler über Haider: Ich verstehe die Kritik an Haider, denn ich verstehe seinen permanenten Zickzack-Kurs nicht mehr. Wie auch niemand dieses „Ich bin schon weg, ich bin wieder da" versteht. Aber Westenthaler ist ähnlich: weg und wieder da. Also, das sind beide politische Schizophreniefälle. Und dann gibt es da noch Zitate, daß er auch sagt: Jörg Haider darf in einer neuen FPÖ keinen Platz an der Sonne mehr einnehmen. Die Nach-Haider-Ära muß jetzt beginnen. Und es geht so weit, daß er auch den Ausschluß von Jörg Haider aus der FPÖ gefordert hat. Neben den ganzen privaten Zitaten hat er auch einem Polizeibeamten einmal entgegen gerufen: „Trottel, Idiot, Vollkoffer, wissen Sie denn nicht, wen Sie vor sich haben?" Das war im Februar 2001 im „Dialog" mit einem Verkehrspolizisten. Da sieht man schon, daß hier offensichtlich Pack sich schlägt, sich aber dann wieder verträgt, wenn es um konkrete Gagen und Posteninteressen geht und das ist wahrlich keine Auszcichnung für beide Herrschaften.

VIII. Neue Wege suchen

1.
Für starke Familien und eigene Kinder

Mölzer: Wie stellst Du Dir denn für die Freiheitlichen eine geburtenorientierte, eine „pronatalistische" Familienpolitik vor? Welche Maßnahmen willst Du setzen, damit wir wieder mehr Kinder zeugen?

Strache: Zunächst zwei Vorbemerkungen: Eine pronatalistische Familienpolitik ist zwingend notwendig, wenn wir Österreicher weiterhin Herr im eigenen Haus bleiben wollen. Bei Fortdauer der jetzigen Geburtenrate von 1,3 Kindern pro Frau werden wir spätestens in zwei Generationen zur Minderheit in unserem eigenen Land werden und gleichzeitig infolge Überalterung der österreichischen Bevölkerung einen drastischen Wohlstandsverlust erleiden.

Eine pronatalistische Familienpolitik ist möglich, wie das Beispiel Frankreich zeigt. Dort hat eine gezielt auf die Unterstützung von Mehrkindfamilien gerichtete Politik und Aufklärung über die Bedeutung einer ausreichenden Geburtenzahl dazu geführt, daß im Jahr 2004 eine Geburtenrate von 1,91 Kindern pro Frau erreicht wurde, also ein nahezu volkserhaltender Wert.

Für eine erfolgreiche geburtenfördernde Familienpolitik müssen wir in Österreich zwei Voraussetzungen schaffen:

Die heutige Benachteiligung der Familien im Steuerrecht und in unserem Pensionssystem muß beendet und durch einen fairen Leistungsausgleich zwischen Kinderlosen und Familien mit Kindern ersetzt werden. Dazu muß als erstes die heute existierende Umverteilung von den Familien mit Kindern zu den Kinderlosen durch unser umlagefinanziertes Pensionssystem bewußtgemacht werden. Sehr viele Menschen sind immer noch der Meinung, Familien werden bei uns durch eine Vielzahl von Familienleistungen „verwöhnt", seien Nutznießer unseres Sozialsystems und es braucht keine weiteren Verbesserungen. Wahr ist aber das Gegenteil. Eltern tragen den größten Teil der Kinderkosten, der „Nutzen", die von den Kindern später gezahlten Beiträge zur Pensionsversicherung kommen unabhängig von der Kinderzahl allen zugute, ja, die Kinderlosen werden wegen ihrer meist längeren Beitragszeiten sogar noch bevorzugt. Diese Umverteilung von Mehrkindfamilien zu Kinderlosen (und in geringerem Umfang zu Einkindfamilien) ist – wie alle einschlägigen Studien zeigen – viel größer als alles was Mehrkindfamilien über sämtliche Familienleistungen (Familienbeihilfen, Kinderbetreuungsgeld, kostenloses Schulsystem etc.) zurückbekommen.

„Transferausbeutung von Familien: Von Kindern profitiert finanziell, wer keine hat"

So schreibt der Präsident der Deutschen Gesellschaft für Demographie Univ.-Prof. Dr. Herwig Birg: Eine „Transferausbeutung" der Familien findet statt. Aufgrund der Mißachtung des Leistungsfähigkeitsprinzips (bei der Lohnsteuer) und der Konstruktion des Sozialversicherungssystems wird Kinderlosigkeit vom Staat prämiert. Von Kindern profitiert finanziell, wer keine hat.

Es ist daher die erste Aufgabe einer geburtenorientierten Familienpolitik, dieser Wahrheit zum Durchbruch zu verhelfen, damit die Bereitschaft zum notwendigen Leistungsausgleich zwischen Kinderlosen und Eltern mit Kindern entstehen kann.

Durch diesen Leistungsausgleich, der auf verschiedene Weise erfolgen kann, wird es möglich sein, daß in Zukunft auch drei oder vier Kinder nicht mehr – wie heute – zu drastischen Verlusten beim Lebensstandard führen.

Finanzielle Besserstellung der Mehrkindfamilien allein wird wahrscheinlich allein nicht ausreichen, um den notwendigen Anstieg der Geburtenrate zu erreichen. Es muß daher zusätzlich bei Eltern und potentiellen Eltern das Bewußtsein geweckt werden, daß es ihren Kindern nur dann gut gehen wird, wenn es genügend Kinder gibt, daß es allen besser gehen wird, wenn sie sich zu mehr Kindern entschließen. Insbesondere müssen wir darauf hinweisen, daß es auch in Zukunft einen größeren Prozentsatz von Frauen (und Männern) geben wird, die kinderlos bleiben wollen und werden. Damit kann mit unserer „Norm", der Zweikindfamilie, keine ausreichende Geburtenrate erreicht werden. Nur wenn drei Kinder wieder „normal" werden und auch vier nicht mehr etwas „Exotisches" sind, können wir eine Geburtenrate erreichen, die insgesamt der nächsten Generation eine Zukunft sichert.

Wenn es uns gelingt, diese einfache Wahrheit verständlich zu machen und wir – wie beschrieben – für die materiellen Vorraussetzungen für größere Familien sorgen, werden wir auch die notwendige Steigerung der Geburtenrate erreichen.

Mölzer: Die demographischen Prognosen für unser Volk sind katastrophal. Ins Bewußtsein der Menschen ist das aber scheinbar noch nicht vorgedrungen. Einerseits ist das gut, weil man leicht zum Defätismus neigen könnte, andererseits fehlt eben jegliches Problembewußtsein. Sollte man diesen Umstand verstärkt in den Vordergrund stellen?

Strache: Ja, wir müssen immer wieder über die demographische Entwicklung sprechen und auf die katastrophalen Auswirkungen hinweisen, die schon in den nächsten Jahrzehnten eintreten werden, wenn sich an unserer Geburtenrate nichts ändert; nur so können wir erreichen, daß in der Öffentlichkeit die Einsicht wächst, daß die Steigerung der Geburtenrate eines unserer vordringlichsten Ziele werden muß. Gleichzeitig müssen wir unsere Mitbürger davon überzeugen, daß auch heute noch eine Wende möglich ist, und konkret Wege aufzeigen, wie wir unsere Zukunft als Volk sichern können.

Zur heutigen Lage möchte ich nur auf zwei alarmierende Fakten hinweisen:

Seit mehr als 30 Jahren liegt die Geburtenrate in Österreich unter dem für eine stabile Bevölkerung notwendigen Wert von 2,1. Damit fehlen uns in den Geburtsjahrgängen 1975–2005, also bei den heute Unterdreißigjährigen etwa 900.000 Menschen im Vergleich zu den vorangegangenen Geburtsjahrgängen 1945–1975: In etwa 15 Jahren wird sich diese Schrumpfung voll auf den Arbeitsmarkt und die Zahl der Beitragszahler in unserem Sozialsystem auswirken.

Noch besorgniserregender ist die zukünftige Entwicklung der Geburtenzahlen. Wenn sich an der jetzigen Geburtenrate der Österreicherinnen nichts ändert, werden die österreichischen Mütter in 25 Jahren jährlich nur noch 40.000 Kinder zur Welt bringen (siehe Prognose von Univ.-Prof. Dr. Herbert Vonach), das sind weniger als 30 % der Geburtenzahl von 1964 (133.841 Geburten). Damit hätten wir nur noch die Wahl zwischen einem drastischen

Bevölkerungsrückgang mit Überalterung oder wir werden (bei Fortsetzung der heutigen Einwanderungspolitik) bald zur Minderheit in unserem eigenen Land.

Geburtenrate ist der Schlüssel

Die beschriebene Entwicklung kann aber in letzter Minute noch aufgehalten werden, aber nur wenn es gelingt, unsere Geburtenrate in den nächsten zehn Jahren wieder auf annähernd zwei Kinder pro Frau zu steigern (mit der schon beschriebenen, gezielt pronatalistischen Familienpolitik) und gleichzeitig die jährliche Einwanderung gegenüber den heutigen Zahlen (ca. 50.000 pro Jahr) drastisch zu reduzieren.

Dann, aber nur dann, werden wir als Volk eine Zukunft haben. Daher haben für uns die Steigerung der Geburtenrate und Beschränkung der Einwanderung gleichberechtigt die höchste Dringlichkeit.

Mölzer: „Wer Kinder hat, ist reich." Dieses Faktum, dieser Wert sollte den Menschen wieder näher gebracht werden. Wie willst Du das den Menschen vermitteln?

Strache: Diesen Satz müssen wir alle als Eltern leben, dann wird er auch von den meisten Jüngeren verstanden werden. Wem allerdings der Wunsch nach und das Verständnis für Kinder gänzlich fehlen, den können auch wir nicht überzeugen. Da gilt wohl das Goethewort „Wenn Ihr's nicht fühlt, Ihr werdet's nie erjagen".

Mölzer: Schätzungen zufolge werden von 100 gezeugten Kindern nur 70 geboren, annähernd jedes dritte Kind soll abgetrieben werden. Wie stehst Du zu diesem Thema?

Hilfe für Abtreibungswillige

Strache: Das ist ein sehr schwieriges Thema. Abgesehen von der geltenden Gesetzeslage sollte man mit gezielten

Maßnahmen versuchen, Abtreibungen zu verhindern. So könnte man eine Beratung der Schwangeren einführen, mit dem Ziel, es ihnen zu ermöglichen, sich für ihr Kind zu entscheiden. Allerdings darf das keine Beratung durch Institutionen sein, die selbst Abtreibungen durchführen. Darüber hinaus könnte man österreichweit die Möglichkeit zu einer anonymen Geburt mit Freigabe der Kinder zur Adoption schaffen. Außerdem – wie man Deiner Frage ja entnehmen kann – gibt es hier immer nur Schätzungen. Man braucht also endlich eine genaue Statistik über die jährliche Zahl der Abtreibungen und Forschungen über die Motive der Frauen, die sich zu einer Abtreibung entschließen. Und ganz zentral steht natürlich ausreichende materielle Unterstützung von Frauen, die an sich ihr Kind behalten wollen, sich aber in einer schwierigen Situation befinden.

Mölzer: Stichwort „Familien-Steuersplitting": Was ist das und wie soll das finanziert werden?

Steuersplitting

Strache: In Österreich gilt seit 1972 im Bereich der Lohn- und Einkommensteuer das Prinzip der Individualbesteuerung, d. h. die Höhe der Steuer hängt nur vom Einkommen des Steuerpflichtigen ab und nicht von der Zahl der Personen, die von diesem Einkommen leben müssen. Diese Regelung ist wegen des progressiven Lohn- und Einkommensteuertarifs eine grobe Ungerechtigkeit gegenüber den Familien, insbesondere gegenüber Mehrkindfamilien mit einem Alleinerhalter. Bei einem Alleinerhalter mit Ehepartner und zwei Kindern wird in diesem System sogar das Existenzminimum besteuert; er muß nämlich genauso wie ein Single 38 % Lohnsteuer für den 1.000 Euro übersteigenden Teil seines Einkommens zahlen. Ein progressiver Steuertarif wird damit begründet, daß einer Person in einer günstigeren finanziellen Lage zugemutet werden kann, einen größeren Teil ihres Einkommens als Steuer an die Allgemeinheit abzugeben (Besteuerung nach Leistungsfähigkeit). Da die finanzielle Lage eines Steuerzahlers aber nicht nur von seinen Einkünften, sondern auch von seinen Unterhaltsverpflichtungen abhängt, ist das jetzige österreichische System der Individualbesteuerung eine grobe Verletzung des Prinzips der Besteuerung nach Leistungsfähigkeit.

Ein wesentlich gerechteres System, das sog. Splittingsystem, gibt es seit langem in Frankreich. Dabei wird vor Anwendung des progressiven Steuertarifs das gesamte Familieneinkommen gleichmäßig auf alle Familienmitglieder aufgeteilt und erst dann von diesen Teileinkommen die Einkommensteuer berechnet. Dadurch wird sichergestellt, daß in jedem Fall das Existenzminimum einer Familie steuerfrei bleibt. Für eine Familie mit zwei Kindern würde dann z. B. die Lohnsteuerpflicht erst bei Monatseinkommen über 3.000 Euro beginnen. Der Übergang zu einer solchen gerechten Berücksichtigung der Familiengröße bei der Lohn- und Einkommensteuer ist seit langem eine zentrale Forderung der freiheitlichen Familien- und Steuerpolitik.

Die Kosten für den Übergang zu einem Splittingsystem nach französischem Muster wurden daher für Österreich schon 1996 von Univ.-Prof. Dr. Herbert Vonach im Auftrag des Freiheitlichen Familienverbandes Österreichs aus den Einkommensdaten des Mikrozensus 1993 des Österreichischen Statistischen Zentralamtes berechnet. Nach diesen Berechnungen hätte 1993 der Übergang zu einem solchen System (zum sog. Modell Vonach A, das mit dem französischen Modell weitgehend übereinstimmt) zu einem Steuerausfall von a. 30 Milliarden Schilling, 21,6 % bei der Lohn- und Einkommensteuer geführt.[*]

Eine Adaptierung dieser Berechnungen auf die heutigen Verhältnisse ergibt: Die Einführung eines Splittingmodelles nach französischem Vorbild würde bei Beibehaltung des jetzigen Steuertarifs für Einzelpersonen zu einer Verminderung des Lohnsteueraufkommens von ca. 3 Mrd. Euro (17 % des Lohnsteueraufkommens) führen. Als Auswirkung einer solchen Steuerreform würde sich die Lohnsteuerbelastung von Familien mit zwei und mehr Kindern im Durchschnitt auf etwa 50 % der heutigen Werte vermindern.

Mölzer: Und wie soll man das finanzieren? Der Staat hat ohnehin kaum Geld…

Strache: Diese Kosten können aufgebracht werden, wenn die nächste dringend notwendige Lohnsteuersenkung nicht nach dem Gießkannenprinzip erfolgt, sondern gezielt zur Beendigung der heutigen Diskriminierung der Familien verwendet wird.

Mölzer: Wie stellt sich die FPÖ, wie stellst Du Dir ein Kindergeld vor, das effizient und wirksam Familien finanziell unterstützt und gleichzeitig auch Anreize bietet, mehr Kinder zu bekommen.

Kinderbetreungsscheck reformieren

Strache: Wir sind davon überzeugt, daß die österreichischen Eltern keine staatliche Bevormundung brauchen. Wir lehnen es daher ab, den Eltern vorzuschreiben, wie sie z. B. Erwerbs- und Familienarbeit untereinander aufteilen oder in welchem Umfang sie außerfamiliäre Kinderbetreuungseinrichtungen in Anspruch nehmen wollen.

---

[*] Herbert Vonach, Veröff. der Universität Innsbruck, Bd. 216, S. 209–240, 1996

Familienförderung muß daher zum allergrößten Teil Subjektförderung sein, d.h, den Eltern direkt zur Verfügung gestellt werden. Im übrigen soll unserer Ansicht nach das Kindergeld nur für Österreicherinnen und Österreicher gelten! Zur Ermöglichung dieser Wahlfreiheit haben wir das Konzept des Kinderbetreuungsschecks entwickelt und dieses Konzept wenigstens für die Kinder unter 3 Jahren durch die Einführung des Kinderbetreuungsgeldes annähernd verwirklicht.

Mölzer: Und darüber hinaus?

Strache: Die überwiegende Mehrheit der österreichischen Mütter will ihre Kinder nicht nur in den ersten drei Lebensjahren selbst versorgen und dazu auf Erwerbsarbeit weitgehend verzichten, sondern auch bis zum Ende des Volksschulalters des jüngsten Kindes nur eine Teilzeitbeschäftigung annehmen, um Zeit für die Kinder zu haben. Damit dies möglich wird, muß das Kinderbetreuungsgeld weiterentwickelt und vor allem seine Bezugsdauer verlängert werden.

Mölzer: Gibt es beim aktuellen Kindergeld nicht auch noch Verbesserungsbedarf?

Strache: Als erster Schritt ist es notwendig, das Kinderbetreuungsgeld für Kinder bis zu 3 Jahren zu verbessern. Heute erhalten die Familien das Kinderbetreuungsgeld meist nur für 30 Monate (weil für die Mutter höchstens 30 Monate erlaubt sind und die Väter die restlichen 6 Monate nicht in Anspruch nehmen können), die Wahlfreiheit bezüglich Rückkehr in den Beruf ist durch die sog. Zuverdienstgrenze eingeschränkt. Außerdem beträgt arbeitsrechtlich die Dauer der Karenzzeit nur zwei Jahre, was einen starken Druck zur Wiederaufnahme der Erwerbsarbeit zu diesem Zeitpunkt erzeugt.

Wir fordern daher als ersten Schritt die Abschaffung

der Zuverdienstgrenze beim Kinderbetreuungsgeld, volle
Freiheit bezüglich der Aufteilung der Kinderbetreuung
zwischen den Eltern und Verlängerung der arbeitsrecht-
lichen Karenzzeit auf drei Jahre. Die Kosten für diese
Reform betragen ca. 200 Millionen Euro (6 Monate Kinderbetreuungsgeld für ca. 78.000 Kinder) und können aus
den Mitteln des Familienlastenausgleichsfonds bezahlt
werden, wenn dieser von den ungerechtfertigten Zahlungen an die Pensionsversicherung entlastet wird.

Als zweiten.Schritt fordern wir eine Ausdehnung des
Kinderbetreuungsgeldes auf Kinder bis zu 6 Jahren. Dieses
sollte dieselbe Höhe besitzen wie das jetzige Kinderbetreuungsgeld, aber nur zur Hälfte in bar ausgezahlt werden und
zur anderen Hälfte in Form eines Gutscheines für Kinder-
gartenbesuch, der sowohl bei öffentlichen als auch bei privaten Kindergärten eingelöst werden kann. Wir sind, wie
die Mehrheit der Österreicher, vom großen pädagogischen
Wert eines halbtägigen Kindergartenbesuches überzeugt
und möchten daher keinen Anreiz geben, Kinder aus Ko-
stengründen vom Kindergarten fernzuhalten. Die Höhe
des Gutscheines entspricht in etwa den wirklichen Kosten
eines Halbtagskindergartens. Wer längere Betreuungszei-
ten braucht, kann diese aus der zweiten Hälfte seines Kinderbetreuungsgeldes finanzieren, den übrigen verbleibt es
als Anerkennung ihrer Betreuungsarbeit.

Mölzer: Wie hoch wären denn die Kosten für diese zweite Ausbaustufe?

Strache: Wenn man berücksichtigt, daß unter diesen
Umständen der größte Teil der jetzigen Subventionen für
Kindergärten wegfallen kann, betragen die Kosten für diese zweite Ausbaustufe des Kinderbetreuungsschecks etwa
500 Millionen Euro.

Als dritter Schritt sollte beim Kinderbetreuungsgeld

auch die Zahl jener Kinder, die zeitgleich im „Scheckalter" sind, berücksichtigt werden, d.h. Eltern sollten für jedes Kind das Kinderbetreuungsgeld erhalten, auch wenn mehrere Kinder gleichzeitig im „Scheckalter" sind (Kosten ca. 130 Millionen Euro). Dies würde vor allem die Situation kinderreicher Familien verbessern und für Eltern, die sich viele Kinder wünschen, einen starken Anreiz bilden, sich diesen Wunsch auch zu erfüllen.

Am Ende diese Stufenplanes steht damit für uns ein Kinderbetreuungsgeld in der heutigen Höhe (436 Euro pro Monat) aber von der Geburt bis zum Ende des sechsten Lebensjahres für jedes Kind. Für uns ist das Kinderbetreuungsgeld eine Anerkennung der Betreuungsleistung, die Eltern auch im Interesse der Allgemeinheit erbringen, diese hat mit dem früheren Einkommen des betreuenden Elternteils nichts zu tun, daher lehnen wir ein sog. einkommensabhängiges Kinderbetreuungsgeld ab.

Ziel des Kinderbetreuungsgeldes ist weder die Erhöhung noch die Senkung der Erwerbsquote von Müttern, sondern mehr Entscheidungsfreiheit für die Eltern. Wenn Mütter diese Entscheidungsfreiheit zum Wohl ihrer Kinder dazu nutzen, um länger als bisher bei Ihnen zu bleiben, so ist dies kein Nachteil, sondern ein Erfolg unseres Kinderbetreuungsgeldes.

Für die Erreichung der Wahlfreiheit bei der Vereinbarkeit von Familie und Beruf ist noch ein weiterer Punkt von großer Bedeutung. Es muß die Rückkehr in eine Erwerbstätigkeit auch nach einer langjährigen Berufsunterbrechung (5–10 Jahre) so gefördert werden, daß sich Mütter auf das Gelingen eines solchen Wiedereinstiegs verlassen können.

2.
Bildung – Leistung – Verantwortung

Mölzer: Die PISA-Studie wirft ein schlechtes Licht auf die österreichische Schulbildung und auf das österreichische Schulsystem. Mangelnde Ausbildung bedeutet auch eine düstere Zukunft für unseren Nachwuchs. Wie stehst Du denn zu diesem eklatanten Mißstand?

Strache: Die PISA-Studie und ihre Auswertung muß man mit Vorsicht betrachten. Kaum erwähnt wird, daß z. B. die AHS- und BHS-Schüler in den einzelnen Disziplinen fast überall die meisten Punkte erreicht haben, also vor den jeweiligen PISA-Siegern liegen. Unerwähnt blieb auch, daß Finnland im Gegensatz zu Österreich seine schlechtesten Schüler aus der Wertung herausgestrichen hat. Trotzdem darf das nicht darüber hinwegtäuschen, daß in Österreich 20 % aller 15ährigen nicht ausreichend lesen und schreiben können, und dieser Wert hat sich zur PISA-Studie 2000 verdoppelt! Die große Zahl nichtdeutschsprachiger Schüler, die auch nach neun Pflichtschuljahren nicht ausreichend Deutsch sprechen, ist ein Problem nicht nur für die Gesellschaft insgesamt, sondern für die betroffenen Schüler ebenso, da sie überhaupt keine Lehrstellen oder Jobs bekommen werden und daher von uns erhalten werden müssen, statt in das System einzuzahlen, wenn sie österreichische Staatsbürger sind.

Mölzer: An unseren Schulen wird immer weniger Leistung verlangt. Macht das unsere Gesellschaft von den Wurzeln her krank?

Leistungsfeindlichkeit

Strache: Die Gesellschaft ist schon krank, wenn sie keine Leistungen mehr von den Schülern verlangt. In einem gesunden System gibt es Regeln, die einzuhalten sind. Die

144

68er-Generation, die heute unterrichtet bzw. in Funktionen sitzt, in denen sie die politischen Vorgaben machen können, haben mit ihrer Leistungsfeindlichkeit großen Schaden angerichtet. Vor allem im Schulsystem dauert jede Änderung Jahre, bis sie sichtbar wird. Der Anspruch der Linken, daß jeder Matura haben muß, hat nicht bedacht, daß nicht jedes Kind gleich bildungswillig oder bildungsfähig ist. Der Hauptschule, die im Gegensatz zu den Bundesländern in Wien zur „Ausländer-Restschule" verkommen ist, fehlen jene Schüler, die geeignet sind, sehr gute Handwerker und Facharbeiter zu werden. 70 % aller Wiener Volksschüler gehen in die Unterstufe der AHS, wo sie sich oft genug durch die Klassen quälen. Eine gute Hauptschule könnte hier Abhilfe schaffen.

Mölzer: Kommen wir zu einem weiteren himmelschreienden Mißstand in den österreichischen Schulen, der insbesondere in Wien große Probleme verursacht: Die Ausländeranteile tun dort nämlich das ihre, um das Niveau nochmals ordentlich zu senken. Sollte man Deiner Meinung nach dieses Problem aus der Bildungspolitik ausklammern, und nur mehr Bildungspolitik für Österreicher machen, oder sollte man die Lage als gegeben betrachten und den Versuch starten, die zahllosen nichtdeutschsprachigen Schüler in Wiener Schulklassen doch irgendwie zu integrieren?

Ohne Deutsch kein Schulbesuch

Strache: Die nichtdeutschsprachigen Schüler müssen vor Schuleintritt Deutsch lernen, daran führt kein Weg vorbei. Seiteneinsteiger sollen, wie es an internationalen Schulen üblich ist, in eigenen Klassen so lange Deutsch lernen, bis sie dem Unterricht in der Regelklasse folgen können.

Mölzer: Wie ist denn Deine Meinung zur Hochschulbildung? Braucht Österreich die Elite-Uni Gugging? Oder kann man das eingespielte System verbessern bzw. so sanieren, daß wir am Ende des Tages wieder ein elitäres Universitätswesen haben?

Strache: Die FPÖ hat sich immer zur Elitenbildung bekannt, auch, als das gar nicht opportun war. Wir meinen, daß es zielführender ist, das bestehende Uni-System so zu stärken, daß sich Eliten auch bilden können. Eine eigene Eliteuniversität muß daher nach unserer Meinung nicht sein.

Mölzer: Die Lehrer an unseren Schulen sind eher aus dem linken Bereich unserer Gesellschaft. Wie könnte man denn hier einen Ausgleich vollbringen und gleichzeitig auch das vielkritisierte Niveau der Pädagogen in unserem Land auf ein ausreichendes Niveau stellen?

Parteipolitik raus aus allen Bildungseinrichtungen

Strache: Die Parteipolitik muß aus den Schulen verschwinden, denn dort hat sie am wenigsten verloren. Die Lehrerausbildung muß sich auf das konzentrieren, was wichtig ist, nämlich den künftigen Lehrern das nötige Rüstzeug fachlich, didaktisch und pädagogisch mitzugeben und zwar ohne Ideologie, wie das vor allem an den Pädagogischen Akademien der Fall ist. Vor Beginn des Lehramtsstudiums muß es eine Eignungsprüfung geben, damit wirklich nur geeignete Bewerber Lehrer werden können. Finnland, das immer so gerne als Beispiel für die Gesamtschule angeführt wird, macht das durchaus erfolgreich. Das könnten wir gerne übernehmen.

Mölzer: Wo sind Deiner Meinung nach die wichtigsten Neuerungen bzw. Verbesserungen nötig? Und gibt es so etwas wie absolute Neuheiten, die ein Heinz-Christian Strache in diesem Bildungssystem gerne sehen würde?

Verbesserungsvorschläge

Strache: Mir liegt das Schul- und damit das Bildungssystem besonders am Herzen, da es die Zukunftschancen unserer Kinder bestimmt. Daher ist besonderes Augenmerk darauf zu lenken, daß nur die Besten unterrichten. Eignungstests vor Beginn eines Lehramtsstudiums sind daher unabdingbar. Die Polytechnische Schule, die nur zu dem Zweck eingeführt wurde, rote und schwarze Lehrer mit Dienstposten zu versorgen, hat sich als unnötig erwiesen und gehört daher abgeschafft. Statt dessen soll es ein Berufsfindungsjahr geben, das auch bei einer anschließenden Lehre als Berufsschulzeit angerechnet werden kann. Die Zahl der verhaltensauffälligen Schüler steigt ständig, daher sollte auch geschultes Personal bereitgestellt werden. Allerdings ist auch eine unbedingte Verpflichtung der Eltern, am Beheben von Defiziten mitzuwirken. Die Klassenschülerhöchstzahl muß gesenkt werden. Der Ausländeranteils in den Klassen ist auf maximal 30 %, zu senken, wie es in Dänemark teilweise der Fall ist. Alle am Bildungsprozeß Beteiligten müssen sich verantwortlich fühlen – Lehrer, Eltern und Schüler müssen an einem Strang ziehen. Es muß verbindliche Verhaltensregeln geben, die einzuhalten und gegebenenfalls mit Konsequenzen verbunden sind.

Ein starkes Bildungsbewußtsein bei allen Menschen in diesem Land, das nicht nur darauf abzielt, unmittelbar Verwertbares zu wissen, sondern neugierig macht, auch scheinbar oder tatsächlich unnötiges Wissen zu erwerben, ist wichtig für die Zukunft aller hier Lebenden.

3.
Wir schulden unserer Jugend Werte

Mölzer: Die Jugend der heutigen Zeit wirkt vielfach orientierungslos und sucht verzweifelt nach Werten, an denen sie sich orientieren kann. Wie willst Du den jungen Menschen in unserem Land Visionen und eine Zukunft bieten?

Strache: Die heutige Jugend befindet sich vielfach an einem Scheideweg, den man auch als einen Paradigmenwechsel bezeichnen kann. Aufgewachsen in dem Wohlstand der zweiten Hälfte des 20. Jahrhunderts, erzogen von einer Generation, die im wesentlichen in einem nicht-globalisierten Wirtschaftsaufschwung groß geworden ist und Begriffe wie Massenarbeitslosigkeit nur von den eigenen Eltern kennt, müssen sie heute schmerzlich zur Kenntnis nehmen, daß sich die Rahmenbedingungen der letzten Jahrzehnte sowohl im Ausbildungsbereich, im Arbeitsbereich, aber auch im Gesellschaftsbereich immer mehr verändern. Oftmals desillusioniert und enttäuscht, können sie sich den neuen Gegebenheiten nicht anpassen und entschlossen den Weg in eine unbekannte Zukunft gehen. Ängste hinsichtlich Arbeitsplatz und Familie konkurrieren mit ihren innersten Wünschen nach Familie, Geborgenheit und Wertschätzung durch die Gesellschaft. Gerade weil hier die Kluft immer größer wird, fallen viele von ihnen hinein und verzweifeln. Die Jugend des Jahres 2006 ist nicht mit der Jugend der vergangenen Jahrzehnte vergleichbar. Es gab mehrere Zäsuren – u. a. hat die moderne Kommunikationstechnologie das zwischenmenschliche Zusammenleben völlig verändert. Während man sich vor ein paar Jahren noch treffen mußte, um miteinander zu reden und sich auszutauschen, genügt heute ein Griff zum Telephon, um ein SMS oder ein E-mail zu schicken. So verführerisch diese Möglichkeiten auch sind, so viele

Gefahren bergen sie auch. Unabhängig davon, daß durch die ständige Erreichbarkeit auch eine ständige Präsenz gegeben ist, hat diese neue Form des kommunikativen Zusammenlebens natürlich auch Auswirkungen auf die soziale Entwicklung von Jugendlichen. Dabei möchte ich ein bißchen abschweifen und einen Blick in die Wiener Lokalszene riskieren. Die Wiener Jugendtreffs sind – mit wenigen Ausnahmen – ziemlich leergefegt.

Treffpunkt „Virtueller Raum"

Man fragt sich, wo die Jugend heute ihre Freizeit verbringt, wo sich junge Menschen treffen. Nun, sie treffen sich im virtuellen Raum. Sie sitzen vorm Computer und chatten, die schicken sich SMS etc. Hier sehe ich in den letzten zehn Jahren eine große gesellschaftliche Veränderung und auch einen der Hauptgründe für diese gesellschaftliche Veränderung. Die andauernde Kommunikation nimmt uns in Wahrheit viel persönliche Freiheit und Lebensqualität. Der andauernde Streß, dem wir uns angesichts der fortwährenden Erreichbarkeit aussetzen, trägt viel dazu bei, daß kaum die Zeit bleibt, um kurz innezuhalten und sich auf andere Dinge als die oberflächlichen zu konzentrieren. Das trifft die Jugend besonders. Ob hier generell, wie in der Fragestellung suggeriert, festgehalten werden kann, daß Jugendliche „verzweifelt nach Werten suchen", kann ich so nicht bestätigen und auch nicht nachvollziehen. Vielfach ist es doch so, daß die meisten jungen Menschen vor sich hin leben. Sie gehen in Schulen, machen eine Ausbildung, arbeiten, gehen also ihrem geregelten Leben nach. Erst wenn man sie darauf aufmerksam macht, daß es nicht das Lebensziel sein kann, zweimal im Jahr auf Urlaub zu fahren und sonst ein unauffälliges Leben zu führen, fangen viele an nachzudenken. Ich glaube, daß die

Zeiten, in denen man Jugendliche durch gesellschaftspolitische Ideen für sich gewinnen konnte, vorbei sind. Die Politik sollte vielmehr Anleihen bei denen suchen, die es schon immer geschafft haben, die Jugend für sich einzunehmen. War es im 18. Jahrhundert das „Werther-Fieber", das die Jugend in ihren Bann gezogen hat, so sind es heute vielleicht Robbie Williams oder Sarah Connor. Insofern ist es notwendig, daß bei der Vermittlung der politischen Themen neue Wege gesucht und gefunden werden. Daran arbeiten wir derzeit.

Mölzer: Durch den immer stärker zunehmenden Druck am Arbeitsmarkt, aber auch durch Egoismus und den „Erzieher" Fernseher und Internet gibt es so etwas wie eine Jugend-Wohlstandsverwahrlosung. Glaubst Du, daß man dieser die Stirne bieten kann, wenn ja, wie?

Strache: Zum einen glaube ich nicht daran, das es eine Jugend-Wohlstandsverwahrlosung als solche gibt. Die Menschen waren im Grunde immer gleich, sie lebten ihre Gefühle, Wünsche und Träume, jeweils angepaßt an den Lauf der Zeit und immer anders. Wenn sich Jugendliche vor den Fernseher zurückziehen, einen übertriebenen Egoismus ausleben oder sonstwie hedonistisch unterwegs sind, dann ist der Fernseher oder der Computer oder ähnliches nicht schuld. Sie sind nur Vehikel, Instrumente, eine Stimmung auszuleben. Wer gesellschaftlich umgänglich ist, braucht keine terrestrische Dauerberieselung. Weniger als 35 Prozent der Unter-30jährigen zählen zum „Zeit im Bild"-Stammpublikum, die Politikseiten von Zeitungen werden nur von 15 Prozent der Jüngsten gelesen.

Keine Patentrezepte

Wer also dagegen ein Patentrezept hat, der soll sich melden! Ich denke aber auch, daß gerade die Bildungseinrichtungen viel Verantwortung dabei tragen. Ich weiß natürlich, daß insbesondere in den Schulen die Lehrer der linken Reichshälfte überproportional stark vertreten sind. Unabhängig davon ist mir ein „Linker" immer noch lieber, als ein völlig Desinteressierter. Der politischen Bildung in den Schulen muß daher viel größeres Augenmerk geschenkt werden. Ich kenne Maturanten, die nicht wissen, wie ein Gesetz entsteht, wie sich die Abgeordneten zusammensetzen u. ä. Hier gilt es von Haus aus, sich mit den Grundlagen unseres Staatswesens auseinanderzusetzen.

Jugend braucht Heimat

Genau da ist der Ansatz. Wenn wir den Jungen wieder zeigen, wofür man stehen kann, wofür es sich lohnt, Einsatz zu zeigen, dann werden auch die Zeitgeisterscheinungen keine Macht mehr haben. Jedes menschliche Individuum braucht Heimat, braucht Geborgenheit und braucht Ziele, die es lohnen, das man sie anstrebt. Verschiedenste Studien belegen den Wunsch der Jungen nach Familie und Freunden, nach Geselligkeit und Gemeinnützigkeit. Wir müssen ihnen aber auch die Möglichkeit geben, ihren eigenen Weg zum Ziel zu gehen, auf ihre Art und Weise. Wir dürfen ihnen nicht einen bestimmten Weg aufzwingen, wir müssen ihnen aber den Rucksack füllen mit jenen Überlebensnotwendigkeiten, von denen ich oben gesprochen habe, die für ein gedeihliches Weiterkommen unabdingbar sind.

Mölzer: Ein weiteres großes Problem, das Du immer wieder thematisierst, ist die hohe Jugendarbeitslosigkeit – mangels Lehrstellen stehen viele junge Menschen auf der Straße. Wie sollte man diesem Problem begegnen?

Strache: Jugendarbeitslosigkeit ist das Krebsgeschwür einer Gesellschaft. Denn wenn wir den Jungen nicht die

Möglichkeit geben, sich entfalten zu können und wenn wir ihnen nicht den Glauben an eine Zukunft und die dazugehörigen Mittel in die Hand geben, werden wir Frustration, Abschottung, Gesellschaftsdrogen und vieles mehr schaffen. In weiterer Folge, das konnte man kürzlich auch rund um Paris sehen, werden diese Zustände in Gewalt, in sozialen Konflikten und in Zerstörung münden. Patentrezepte für das Problem der Jugendarbeitslosigkeit gibt es nicht. Im wesentlichen sind zwei Faktoren dafür verantwortlich und zu berücksichtigen: Erstens die Einstellung des Betroffenen selbst, wie er zur Arbeit steht, was er für eine Arbeitsauffassung hat. Und zweitens welche Möglichkeiten an Unterstützung, welche Voraussetzungen schafft die Politik und die Wirtschaft, abhängig von der jeweiligen Arbeitsmarkt- und Wirtschaftsentwicklung.

Soziales Faulbett ist vorbei

Was ich den derzeitigen politischen Verantwortungsträgern, aber auch jenen der Vergangenheit vorwerfe, ist, daß sie einerseits ein soziales Faulbett, eine soziale Hängematte geflickt haben, die Unsummen an Geld verschlingt und dem Arbeitsfähigen suggeriert: „Du brauchst Dich nicht bemühen, wir kümmern uns um Dich." Damit haben sie eine machtpolitische Abhängigkeit geschaffen und verabsäumt, diese Finanzmittel in sinnvolle Arbeitsmarktprojekte oder Lehrlingsförderungen zu stecken. Hier bedarf es einer Trendumkehr.

Mölzer: Stichwort „Jugendschutz": Auf der einen Seite haben wir in Österreich in den unterschiedlichen Bundesländer keinen einheitlichen Jugendschutz, auf der anderen Seite wirkt dieser Jugendschutz immer weniger und abgesehen von Ausgangszeiten für Jugendliche nimmt vor allem Alkoholmißbrauch bei Jugendlichen stark zu. Wie siehst Du dieses Problem?

Strache: Wie schon vorher, stelle ich auch hier fest, daß man nicht immer alles „ex cathedra" verordnen kann, es muß auch von den Normadressaten aus Überzeugung getragen werden. Regeln, Gesetze und ähnliches sind Vorgaben, die oft nicht dem Praxisfall gerecht werden. Gerade wenn ich Jugendschutz länderweise regle, dann erreiche ich damit nur, daß der Jugendliche sich über die Bundesländergrenze bewegt und sich die passendste Vorgabe sucht. Werden ihm die Regeln allesamt nicht gerecht, flüchtet er in die Illegalität.

Jugendschutz – Bewußtseinsbildung

Daher ist es wichtig, eine Art Bewußtseinsbildung zu forcieren. Da müssen aber alle mitwirken, Eltern, Gastwirte, Lehrer und all jene, die Vorbildfunktion haben, und da gehören auch die Politiker dazu. Die gesetzlichen Regeln können und dürfen daher nur Ausdruck einer Geisteshaltung sein, die dem Jugendlichen vermittelt, daß es um seinen Schutz geht. Wenn es gelingt, den jungen Menschen die ernsten Folgen zu vermitteln, ihnen zu zeigen, was es heißt, z. B. alkoholkrank zu sein, dann wird sich auch der Erfolg einstellen. Würde man Jugendliche nicht nur in Museen und Theatervorstellungen schicken, sondern auch in Trinkerheilanstalten, wo man die aufgequollenen Bäuche der Patienten sieht, dann wäre auch Bewußtseinsbildung geschaffen, wie beim Besuch in einem Altenpflegeheim. Hilfreich wäre dennoch eine Vereinheitlichung der unterschiedlichen Jugendschutzbestimmungen, weil der Jugendliche, ob in Vorarlberg oder Wien, gleich zu schützen ist, und Umgehungen erschwert und Kontrollen erleichtert würden.

4.

Freie Wirtschaft in sozialer Verantwortung

Mölzer: Wie stehst Du denn zum Neoliberalismus und zu Globalisierung? Und wie siehst Du diese Entwicklung in der näheren Zukunft? Kann man dem etwas entgegensetzen?

Strache: Die wirtschaftstheoretische Strömung des Neoliberalismus gilt für manchen Politiker als Gipfel des derzeitigen Erkenntnisstandes in den modernen Wirtschaftswissenschaften. Viele aus diesen Theorien abgeleitete Maßnahmen wurden nicht zuletzt in den Staaten der Europäischen Union und somit auch in Österreich politisch durch- und umgesetzt.

Für mich ist eine fundamentalistische Ablehnung staatlicher und damit gleichzeitig demokratisch legitimierter Interventionen in das Wirtschaftsgeschehen jedoch kein geeignetes Konzept für die Zukunft. Ein blindes Vertrauen in die Regelungsmacht des Marktes stellt wenigen Gewinnern eine Masse von um ihre Hoffnungen gebrachte Verlierer gegenüber.

Ich lehne aus gesellschaftlichen und aus politisch-patriotischen Gründen den Manchester-Liberalismus ab.

Eigene politische Antworten

Im Sinne der Nachhaltigkeit strebt die FPÖ eine an den konkreten Herausforderungen der Zeit orientierte und nicht von ideologischen Vorbehalten kompromittierte Wirtschaftspolitik an. Jede historische Konstellation benötigt ihre eigenen politischen Antworten.

Für mich stehen auch „Globalisierung" und eine falsch verstandene „Europäisierung" in engem Zusammenhang.

Das Voranschreiten der Globalisierung ist kein Naturgesetz, sondern entspricht einem politischen Willen, der sich in konkreten politischen Handlungen niederschlägt.

Von der Globalisierung profitieren unter den gegebenen Rahmenbedingungen vor allem multinationale Konzerne, indem sie heimische Produktionsstätten in Billiglohnländer auslagern, dort ursprünglich hierzulande entwickelte Produkte ohne entsprechende Sozial-, Rechts- und Umweltstandards zu einem Bruchteil der Kosten fertigen und dieselben dann zu Lasten der verbliebenen heimischen Produzenten und Arbeitsplätze wieder reimportieren.

FPÖ gegen „Heuschrecken-Kapitalismus"

Die FPÖ ist die einzige Partei, die sich in Österreich gegen diese Auswüchse der Globalisierung und den damit verbundenen Heuschreckenkapitalismus glaubwürdig stark macht. Es kann nicht sein, daß sich einige wenige multinationale Konzerne ihres Beitrages an der allgemeinen Wohlfahrt in Österreich entziehen und das dadurch entstandene Loch alleine von den Klein- und Mittelbetrieben und den unselbstständig Erwerbstätigen gestopft werden soll. Leider sieht die ÖVP ihre Hauptrolle alleine in der Vertretung der Interessen multinationaler Konzerne wie auch die äußerst dürftig ausgefallene Mittelstandsoffensive der Bundesregierung beweist, die im direkten Vergleich mit den in der Steuerreform 2005 enthaltenen Entlastungen für multinationale Konzerne eine wesentlich geringere Entlastung für die mittelständische Wirtschaft mit sich gebracht hat.

Umkehr wäre notwendig

Hier wäre auch die österreichische Ratspräsidentschaft gefordert gewesen, eine Umkehr in der europäischen Wirtschaftspolitik herbeizuführen. Denn diese Politik ist verantwortlich für unser Arbeitslosenheer, die stagnierenden Löhne und den stetigen Sozialabbau. In dieser Beziehung hat insbesondere die sogenannte „Wirtschaftspartei ÖVP", die den Bundeskanzler, den Finanzminister und auch den Wirtschafts- und Arbeitsminister stellt, völlig versagt.

Mölzer: Österreich ist wohl bis zu einem gewissen Grad ein Gefangener dieser Globalisierung. Dabei spielen bekanntlich vor allem Multi-Konzerne eine große Rolle – Klein- und Mittelbetriebe kommen dabei naturgemäß zu kurz, und das, obwohl sie in Österreich einen enormen Anteil von Arbeitsplätzen sicherstellen. Wie kann man diesen so wichtigen Bereich der österreichischen Wirtschaft entlasten?

Maßnahmen für Klein- und Mittelbetriebe

Strache: Um eine aus meiner Sicht notwendige Gleichstellung mit Großkonzernen zu erreichen, gibt es eine Reihe von Maßnahmen, die für die heimischen Klein- und Mittelbetriebe (KMU) umgesetzt werden müssen.

Ein Hauptproblem, mit dem unsere heimischen KMU konfrontiert sind, ist die dramatische Unterkapitalisierung, die sich insbesondere durch eine zu niedrige Eigenkapitalquote charakterisiert. Zusätzlich wird das Finanzierungsproblem durch Basel II und die damit verbundenen strengen Auflagen bei der Kreditvergabe noch weiter verschärft.

Abschaffung der Gesellschaftssteuer

Als zielführende Maßnahme denke ich hier beispielsweise an die Abschaffung der Gesellschaftssteuer. Denn da ist Österreich Nachzügler. Einige Mitgliedstaaten der EU haben die Gesellschaftssteuer bereits abgeschafft. Und weißt Du, warum? Weil durch diese Steuer dringend notwendige Investitionen in heimische Kapitalgesellschaften verhindert werden. Um die Eigenkapitalzufuhr in die heimischen KMU zu erleichtern, verlangt die FPÖ daher die ersatzlose Abschaffung der Gesellschaftssteuer. Und das ist auch finanzierbar. Dem Finanzminister kostet die Abschaffung lediglich ca. 50 Millionen Euro.

Flankiert werden soll diese Maßnahme durch eine höhere steuerliche Begünstigung nichtentnommener Gewinne. Die mit 1. Jänner 2004 eingeführte begünstigte Besteuerung von im Unternehmen verbleibenden Gewinnen kommt bisher nur bilanzierenden Einzelunternehmern und Personengesellschaften sowie land- und forstwirtschaftlichen Betrieben bis zu einer Grenze von 100.000 Euro pro Jahr zugute. Die FPÖ fordert den Ausbau des Modells durch Erhöhung der Grenze auf 300.000 Euro sowie die Einbeziehung von Freiberuflern und Einnahmen-Ausgaben-Rechnern. Dies soll insbesondere Klein- und Mittelbetrieben ermöglichen, verstärkt von der Besteuerung mit dem Hälftesteuersatz Gebrauch zu machen und die nichtentnommen Gewinne zu reinvestieren.

Neues Steuerrecht

Mittelfristig ist die FPÖ auch an der Einführung eines modernen Unternehmenssteuerrechts interessiert, das eine Angleichung der Besteuerungsmodalitäten unabhängig von der Rechtsform strebt. Damit soll verhindert werden, daß ein Einzelunternehmer – diese Gruppe stellt einen besondere großen Anteil unter den KMU dar – ungünstiger besteuert wird als etwa Kapitalgesellschaften.

Reform der Erbschafts- und Schenkungssteuer

Eine weitere wichtige Maßnahme habe ich schon vor einigen Monaten angekündigt: Nämlich eine dringend notwendige Reform der Erbschafts- und Schenkungssteu-

er. Diese soll ihre Auswirkungen auch im Unternehmensbereich haben.

Wir müssen uns darüber bewußt sein, daß es in unserer
mittelständischen Wirtschaft eine Nachfolgeproblematik
gibt. Bis zum Jahr 2010 stehen rund 52.000 Unternehmen
mit etwa 450.000 Beschäftigten vor einer „Übergabe". Es
sind die Familienbetriebe, die hier in Österreich oft über
Generationen hinweg Arbeitsplätze gesichert haben. Diese
Betriebe siedeln nicht einfach in den Osten ab, weil dort
mehr Förderungen bezahlt werden oder die Arbeitskräfte
billiger sind, sondern tragen Verantwortung für ihre Mitarbeiter, zahlen ihre Steuern und bilden in der Regel auch
Lehrlinge aus. Gerade deshalb sind mir in diesem Bereich
Maßnahmen so wichtig. Wenn Eltern ihren Betrieb an ein
Kind weitergeben, dann soll dafür keine Steuer bezahlt
werden müssen. Seien wir doch froh, daß es solche Betriebe gibt!

Deshalb soll für die Weitergabe von Betrieben innerhalb der Familie – davon umfaßt sollen die Steuerklassen I
und II sein – der Freibetrag für unentgeltliche Betriebs-
übergaben auf 700.000 Euro angehoben werden, sodaß
eine steuerfreie Übertragung des Betriebes problemloser
möglich ist.

Senkung der Lohnnebenkosten

Selbstverständlich ist die FPÖ auch für eine Senkung
der Lohnnebenkosten. Ich lege aber Wert auf die Feststel-
lung, daß gerade in diesem Bereich von der Politik der
Wirtschaft immer wieder Dinge versprochen werden, die
jedoch ohne soziale oder finanzielle Auswirkungen nicht
umsetzbar sind.

Tatsache ist, daß die Lohnnebenkosten in Österreich
gemessen an der Lohn- und Gehaltssumme bei rund 42 %

der Gesamtkosten für den Arbeitnehmer und somit um 9 % über dem EU-Durchschnitt liegen.

Für mich ist es daher wichtig, daß wir die Lohnnebenkosten auf EU-Niveau senken, um die Konkurrenzfähigkeit der österreichischen Wirtschaft zu stärken. Trotzdem ist zu berücksichtigen, daß eine Senkung der Lohnnebenkosten nur in jenem Ausmaß erfolgen kann, als soziale Leistungen für die Bevölkerung dadurch nicht eingeschränkt werden.

Eine Senkung der Lohnnebenkosten kann daher nur schrittweise erfolgen. Und zwar in jenem Ausmaß, als dafür Mittel zur Verfügung stehen. Ich möchte die Zuwendungen an den Insolvenzausgleichsfond nicht streichen, ohne daß die öffentliche Hand sicherstellt, daß dieser gefüllt bleibt. Und ich möchte auch der AUVA die Mittel nicht zusammenstreichen. Denn die AUVA ist ein wichtiger Leistungsträger des österreichischen Sozialsystems.

Fahr doch einmal in die Rehabilitationsanstalt nach Klosterneuburg und schau Dir an, was die AUVA dort leistet. Hier kann und darf man keine Mittel streichen. Da muß der Staat einspringen, wenn die Unternehmer entlastet werden.

Keine Erhöhung der Mehrwertsteuer

Und eines sage ich noch ganz klar: Eine Erhöhung der Umsatzsteuer analog zur Bundesrepublik Deutschland zur Gegenfinanzierung der Senkung von Lohnnebenkosten lehnt die FPÖ entschieden ab. Denn das würde sich negativ auf die Inlandsnachfrage und damit auf das Wirtschaftswachstum auswirken.

Ich fasse daher zusammen: Ich bin für eine Senkung der Lohnnebenkosten auf EU-Niveau, und zwar Schritt für Schritt, ohne soziale Errungenschaften dadurch einzuschränken.

Investitionsfreibetrag wieder einführen

Und noch ein Punkt ist mir für unsere Wirtschaft wichtig: Die notwendige Steigerung der Investitionen in unseren Betrieben. Nur durch Investitionen kann sichergestellt werden, daß Betriebe konkurrenzfähig bleiben und innovativ arbeiten und dadurch neue Arbeitsplätze entstehen. Dazu ist es aber notwendig, Investitionsanreize zu schaffen. Die FPÖ will dazu ein Maßnahmenpaket schnüren, das zwei wesentliche Forderungen enthält.

Ich fordere die Wiedereinführung des Investitionsfreibetrages. Wie man weiß, sind der Investitionsfreibetrag und die Investitionszuwachsprämie abgeschafft worden.

Daher bestehen derzeit kaum steuerliche Anreize für die Tätigung von Investitionen im Inland. Zudem hat die Möglichkeit der Geltendmachung einer Investitionszuwachsprämie innerhalb eines eingeschränkten Zeitraumes aus meiner Sicht nicht zu der angestrebten Ausweitung von Investitionen in heimischen Betrieben geführt. Was hat man damit erreicht? Es ist zu einer Konzentration von Investitionen innerhalb bestimmter Veranlagungszeiträume gekommen.

Wir brauchen daher ein zeitunabhängiges Modell, daß einen Investitionsanreiz für die heimischen Unternehmen darstellt.

Und das geht eben am besten mit der Wiedereinführung des Investitionsfreibetrages in der alten Fassung mit der Erweiterung, daß im Falle einer Verlustsituation die Möglichkeit der Geltendmachung einer korrelierenden Investitionsprämie besteht.

Diese Maßnahme wird von mir unabhängig von der durch die Bundesregierung beschlossenen Einführung des Freibetrages für investierte Gewinne für Einnahmen-Ausgaben-Rechner gefordert.

Vorzeitige Abschreibung einführen

Als weitere innovative Maßnahme als Investitionsanreiz und zur Konjunkturbelebung sollte in Österreich das Modell einer vorzeitigen (degressiven) Abschreibung eingeführt werden, die in vielen anderen EU-Staaten heute schon zur Anwendung kommt. Dabei erachte ich eine Abschreibungshöhe von 30 % im ersten Jahr als angemessen.

In diesem Zusammenhang rege ich auch die Anpassung der steuerlichen Nutzungsdauer insbesondere von schnelllebigen Wirtschaftsgütern an die reale Nutzungsdauer in den Betrieben. Es ist z. B. nicht einzusehen, warum ein Firmen-PKW über acht Jahre abgeschrieben werden muß, wenn die reale Lebensdauer vier bis maximal fünf Jahre betrifft. Dies kann keinem Unternehmer schlüssig erklärt werden und dient nur als Geldbeschaffungsmaßnahme für den Finanzminister.

Echte Hilfe für Jungunternehmer

Noch etwas ist mir wichtig: Ich habe in meinem Bekanntenkreis immer wieder erlebt, daß junge engagierte Menschen den Weg in die Selbstständigkeit wagen und damit den Mut zeigen, zu einer florierenden Wirtschaft in Österreich beizutragen. Nicht immer geht das gut und nicht selten stehen diese Wirtschaftspioniere vor den Trümmern ihrer Existenz. Jungunternehmer müssen in Österreich viel mehr als bisher unterstützt werden. Und zwar nicht dadurch, daß sie bei einem Politiker, beim Herrn Landesrat oder beim Herrn Stadtrat um Förderungen betteln müssen, sondern durch steuerliche Anreize.

Ich möchte konkret, daß neu gegründete Klein- und Mittelbetriebe von der Zahlung ihrer Mindestkörperschaftsteuer in den ersten drei Jahren befreit werden. Weiters fordere ich die Ausweitung der Jungunternehmerre-

gelung im Rahmen der gewerblichen Sozialversicherung
durch Einbeziehung der neuen Selbstständigen sowie die
Senkung der Mindestbeitragsgrundlagen für Kranken-
und Pensionsversicherungsbeiträge, für die in den ersten
drei Jahre generell keine Nachbemessung vorgenommen
werden soll. Ich bin davon überzeugt, daß diese Maßnahmen mit dazu beitragen können, daß neue Unternehmen
in Österreich gegründet werden, die wiederum neue Arbeitsplätze schaffen.

Mölzer: Was brauchen denn Jungunternehmer Deiner
Meinung nach im Detail?

Strache: Sie brauchen Liquidität! Und diese Liquidität
möchte ich den jungen Unternehmen mitunter durch
oben genannte Erleichterungen verschaffen. Das ist sinn-
voller, als beispielsweise ein Werk der Firma Lenzing von
Oberösterreich ins Burgenland abzusiedeln und für diesen
volkswirtschaftlichen Schwachsinn einen Förderbetrag von
fast 100 Millionen Euro zur Verfügung zu stellen. Für das
Werk in Heiligenkreuz hat man jeden Arbeitsplatz mit
umgerechnet 700.000 Euro gefördert. Was hätten Jungunternehmer mit diesem Geld alles machen können?

Soziale Mindeststandards für Selbstständige

Ich bin auch dafür, für Selbstständige soziale Mindest-
standards sicherzustellen. So kann ich mir hier eine freiwillige Arbeitslosenversicherung im Rahmen der öffentlichen
Versicherungsträger vorstellen.

Keine Zwangsmitgliedschaft in der Wirtschafts-kammer

Mölzer: Wie stehst Du zur Zwangsmitgliedschaft in der
Wirtschaftskammer?

Strache: Ich bin für eine Abschaffung dieser Zwangs-

162

mitgliedschaft. Denn aufgrund der mannigfaltigen Erscheinungsformen von Selbstständigkeit im modernen Wirtschaftsleben und der De-facto-Beschränkung der Politik der Wirtschaftskammer auf die Interessen von Großbetrieben ist die Zwangsmitgliedschaft samt Kammerumlage für alle ersatzlos abzuschaffen und durch eine freiwillige Mitgliedschaft nach dem Muster eines zivilrechtlichen Vereins zu ersetzen. Diese Maßnahme würde die heimische Wirtschaft alleine um 200 Millionen Euro entlasten. Im Gegenzug wäre für mich eine Kostenpflicht für in Anspruch genommene Leistungen als Finanzierungsgrundlage für die Kammern denkbar.

Wenn ein Unternehmer also nicht davon überzeugt ist, daß er die Leistungen der Wirtschaftskammer benötigt, dann soll er auch nicht gezwungen werden, dort Mitglied zu sein. Und wenn ein Nichtmitglied Leistungen in Anspruch nehmen will, dann kann es diese Leistungen ja bezahlen.

Eine Wirtschaftskammer, die sich immer wieder auf den freien Wettbewerb beruft, kann sich nicht an der Zwangsmitgliedschaft festklammern. Das ist unsinnig und widersprüchlich.

Wie Du weißt, sind Klein- und Mittelbetriebe auch der wichtigste Partner im Bereich der dualen Ausbildung. Während Großkonzerne Förderungen kassieren und ihre Zentralen heute da und morgen dort ansiedeln, bleiben die bodenständigen Kleinbetriebe im Ort und bilden auch Lehrlinge aus der Region aus.

Umdenken in der Berufsschule

Mölzer: Der erste Weg von Jugendlichen nach der Schule sollte doch in die Arbeitswelt und nicht zum Arbeitsmarktservice führen ...

Strache: Ganz genau. Daher schlage ich vor, die Kosten der Berufsschulzeit von der öffentlichen Hand begleichen zu lassen. Wenn der Lehrling in der Berufsschule ist, dann sollen für den Dienstgeber keine Kosten anfallen.

Die Kosten dieses Modells betragen bei 120.000 Lehrlingen in Österreich rund 100 Mio. EUR pro Jahr. Für mich ist das nicht nur eine Form der Jugendförderung, es ist das auch eine arbeitsmarktpolitische Maßnahme sowie eine effektive Form der Wirtschaftsförderung für unsere Klein- und Mittelbetriebe, die das Herz der dualen Ausbildung in Österreich sind.

Ich habe keine Freude damit, daß immer mehr Lehrlinge in wenig produktiven, geschützten Bereichen außerhalb der Betriebe ausgebildet werden.

Ich habe mir natürlich auch Gedanken darüber gemacht, wie man die Schwarzarbeit im Unternehmensbereich eindämmen und gleichzeitig die Wirtschaft stärken kann. Ich habe mir hier viele Modelle angesehen. Du erinnerst Dich, daß ja auch der Dienstleistungsscheck dazu gedacht war, hier eine Lösung anzubieten. Leider ist der Scheck ein Rohrkrepierer dieser Bundesregierung, und ich kann Dir auch sagen, warum.

Denn die Idee ist im Grundansatz nicht schlecht, man hat aber den ersten Schritt getan, ohne den zweiten zu setzen. Es wurde nämlich für Dienstleistungsbezieher kein Anreiz geschaffen, von diesem Gebrauch zu machen. Ich schlage deshalb vor, daß wir nach finnischem Vorbild Ausgaben für bestimmte haushaltsnahe Dienstleistungen zu 60 % als Werbungskosten von der Steuer absetzbar machen. Die Steuerabsetzbarkeit soll mit einer weiteren Obergrenze von 3.000 Euro pro Person und Jahr gedeckelt werden.

Dies würde den ausschlaggebenden Anreiz geben,

haushaltsnahe Dienstleistungen mittels Dienstleistungs-check zu bezahlen, da somit der Nachweis einer offiziellen Beschäftigung gewährleistet ist.

Bei allen anderen, nicht vom Dienstleistungscheck umfaßten Tätigkeiten stellt die Absetzbarkeit darüber hinaus einen Anreiz zur offiziellen Beschäftigung dar, die der Schattenwirtschaft vorbeugt. Diese Maßnahme soll insbesondere auch KMU unterstützen, die täglich mit der zumeist von Ausländern verrichteten Schwarzarbeit im Wettbewerb stehen. Die daraus resultierenden Kosten belaufen sich auf 300 Millionen Euro.

Die Erfahrungen in Finnland haben gezeigt, daß mit dieser Maßnahme in Österreich auf Dauer 10.000 neue Arbeitsplätze geschaffen werden. Die volkswirtschaftliche Gesamtrentabilität durch geringere Ausgaben für Sozi-alleistungen, Steuermehreinnahmen, Eindämmung der Schwarzarbeit oder zusätzliche Einnahmen für Sozialversi-cherungen sprechen absolut für diese Maßnahme.

Entlastungen durch Mittelstandspaket

Mölzer: Wie sieht dieses Paket aus?

Strache: Dieses FPÖ-Mittelstandspaket entlastet Öster-reichs Klein- und Mittelbetriebe mit einem Gesamtbetrag von 800 Millionen Euro. Die Abschaffung der Zwangsmit-gliedschaft entlastet die Wirtschaft um weitere 200 Mil-lionen Euro, sofern sie von einer Kammermitgliedschaft Abstand nimmt.

Was die Finanzierung angeht, so sehe ich großes Po-tential bei den Verwaltungsausgaben. Österreich gibt im direkten Vergleich mit der Bundesrepublik Deutschland – und zwar heruntergerechnet auf die geringere Einwoh-nerzahl – um rund 3,5 Milliarden Euro mehr für Verwal-tungsausgaben aus. Hier müssen wir den Hebel ansetzen.

Und ich möchte jetzt keinesfalls der Beamtenschaft den Schwarzen Peter in die Schuhe schieben. Es ist die Politik, die in ihrem Regulierungswahn glaubt, alles und jeden in diesem Staat einer gesetzlichen Regelung unterziehen zu müssen. Und diese Flut von Gesetzen, Vorschriften und Regelungen bringt es mit sich, daß es viel zu viele Beamte gibt, die sich um die Verwaltung dieser Maßnahmen kümmern müssen.

Jüngstes Beispiel: Der Vorschlag, Rauchen im Auto verbieten zu wollen, wenn Kinder mitfahren. Das ist an und für sich eine sinnvolle Maßnahme. Nur, wer soll das wie kontrollieren? Woher die tausenden Beamten nehmen, die vorbeifahrende Autos auf rauchende Eltern kontrollieren? Als Freiheitliche glauben wir an die Eigenverantwortung und das Verantwortungsbewußtsein der Menschen. Ein Staat, der alles regelt, der ist unfinanzierbar.

Daher müssen wir unsere Gesetze einer ehrlichen Prüfung unterziehen. Es ist schade, daß der Österreich-Konvent an der Unfähigkeit zahlreicher Parteienvertreter, über ihren Schatten zu springen und ihre Klientelpolitik aufzugeben, gescheitert ist.

Sparpotential Ausländer

Mölzer: Großes Einsparungspotential gäbe es nachweislich im Bereich der gescheiterten Ausländerpolitik…

Strache: Das Märchen, daß Zuwanderer dem Staat mehr bringen als kosten, glaubt niemand mehr, und es ist auch durch Studien bewiesen, daß Zuwanderer – zumindest jene, die wir und unsere deutschen Nachbarn ins Land geholt haben – dem Staat mehr kosten als sie in das System einzahlen.

Das hat übrigens jetzt auch eine deutsche Studie bestätigt. Man kann aber davon ausgehen, daß die Zahlen

166

in Österreich ähnlich gelagert sind: Demnach erhält der durchschnittliche Einwanderer, der sich noch keine zehn Jahre in der BRD aufgehalten hat, jährlich 2.400 Euro mehr vom Staat als er diesem in Form von Steuern und Abgaben entrichtet. Rechnet man die Zahl auf eine fünfköpfige Familie hoch, ergibt dies eine Transferleistung von fast 120.000 Euro im Laufe von zehn Jahren. Wie gesagt: Würde man die österreichischen Verhältnisse analysieren, ist ein ganz ähnliches Ergebnis zu erwarten.

Gastarbeiter-Sozialversicherung

Ich erachte es daher für notwendig, für Gastarbeiter eine eigene Sozialversicherung zu schaffen, die speziell für diesen temporären Aufenthalt zu konzipieren ist. Es darf von Seiten des Staates keine Quersubventionen zu diesem autarken Versicherungssystem geben. Eine eigene Gastarbeitersozialversicherung würde dem Staat viel Geld ersparen. Ich erinnere daran, daß alleine die Gastarbeitslosigkeit der öffentlichen Hand rund 500 Millionen Euro pro Jahr kostet.

Die in unseren Gefängnissen sitzenden straffällig gewordenen Ausländer – rund 5.000 – kosten uns 200 Millionen Euro im Jahr. Die FPÖ fordert – und das ist ja nicht neu –, straffällige Ausländer in die Heimat rückzuführen.

Alles in allem ist dieses Mittelstandspaket also durchaus finanzierbar.

Mehr oder weniger Staatseinfluß?

Mölzer: Wie siehst Du denn grundsätzlich die Rolle des Staates in einem Wirtschaftssystem? Bist Du eher ein Befürworter des Sozialstaates liberaler Prägung oder meinst Du, daß der Staat eine führende Rolle in der Wirtschaft spielen sollte?

167

Strache: Für mich ist der öffentliche Einfluß ein notwendiges Mittel und nicht ein Wert an sich. Der öffentliche Einfluß muß daher auf den notwendigen Umfang beschränkt werden. Er muß vor allem dort zur Geltung kommen, wo es um Allgemeininteressen der Bürger geht.

Eine grundsätzliche Ablehnung von staatlichem Einfluß ist jedoch nicht realisierbar. Der Neoliberalismus und der Monetarismus zeigen eine plutokratische und antidemokratische Tendenz und führen letztendlich zu weitreichender Beschneidung demokratisch legitimierter und politisch motivierter öffentlicher Eingriffsmöglichkeiten. Politiker werden gewählt, um zu handeln, und nicht, um den Markt ausschließlich gewähren zu lassen.

Mölzer: Wie, glaubst Du, ist unser derzeitiges Steuersystem zu reformieren? Wo sind die Ansätze, die Du gemeinsam mit der FPÖ hier umsetzen willst?

Steuerreform in allen Belangen

Strache: Einige Punkte habe ich ja bereits vorher angesprochen. Am wichtigsten ist für mich die Abkehr von der Individualbesteuerung hin zum Familiensplitting. Aber dazu komme ich später noch einmal.

Sinn und Zweck des Staates ist es, dem in ihm lebenden Staatsvolk unter der Perspektive der Nachhaltigkeit optimale Lebensbedingungen zu ermöglichen.

Nachhaltige Maßnahmen für Unternehmen, Arbeitnehmer und Sozialstaat sind nur finanzierbar, wenn der Staat erkennt, daß er seine Aufgaben auf ein vernünftiges Maß einschränken muß.

Entschlackung und Bürokratieabbau bedeuten mehr Leistungspotential für den Bürger und sind Voraussetzungen für eine nachhaltige Reduktion der Abgabenquote in Österreich. Die Aufgaben des Staates sind klar zu definieren, und Gesetze sind hinsichtlich ihrer Praktikabilität und Kosteneffizienz zu überprüfen.

Hier gibt es viele Möglichkeiten. So brauchen wir heute beispielsweise keine Finanzprokuratur mehr, die als Quasi-Anwalt der Republik ihre reale Bedeutung nur noch als Auffangbecken für Juristen hat.

Genauso wichtig wie Einsparungen in der staatlichen Verwaltung wäre für mich auch eine signifikante Verringerung des Nettobeitrages Österreichs an die Europäische Union. Als Folge des Aufbaus jener Strukturen, wie sie in Form der EU heute vorliegen, ist dringend eine Reduktion der Regulierungswut auf EU-Ebene und begleitend ein Abbau der unionseuropäischen Verwaltungsebene notwendig.

Wichtig bei einer Reform unseres Steuersystems ist für mich der Kampf gegen die kalte Progression. Das ist eine schleichende Belastung aller Einkommensteuerpflichtigen und ist mit ein Grund dafür, weshalb die Steuereinnahmen des Bundes aus diesem Bereich stetig anwachsen.

Ich bin daher dafür, eine jährliche und automatisierte Inflationsanpassung der Stufen der Durchschnittssteuersätze bei der Ermittlung der jährlichen Einkommensbemessungsgrundlage durchzuführen.

„Familien-Steuersplitting"

Jetzt aber zum vorher angekündigten Familiensplitting. Hier werden neben dem Partner auch die unterhaltsberechtigten, nicht volljährigen und im gleichen Haushalt lebenden Kinder zur Berechnung der Steuerbemessungsgrundlage herangezogen. Das kumulierte Einkommen des gesamten Haushalts wird auf die Anzahl der Köpfe im Haushalt verteilt, wobei der Berechnungsfaktor für das erste und zweite Kind bei 0,5 und dann ab dem dritten

Kind bei 1 anzusetzen ist. Erst dann wird die Lohn- bzw. die Einkommenssteuer der einzelnen Personen berechnet.

Da der Einkommensteuersatz aufgrund der Steuerprogression mit der Höhe des zu versteuernden Einkommens zunimmt, ist die Steuerlast der Familie umso niedriger, je mehr Familienangehörige in das Familiensplitting einbezogen werden. Ziel ist es, daß eine mittelständische Familie mit vier Kindern de facto völlig von der Steuerleistung befreit ist.

Ich bin in diesem Zusammenhang auch dafür, daß geschiedene oder getrennte Elternteile, die ihren Unterhalts- und sonstigen Verpflichtungen nachkommen, diese Unterhaltsleistungen auch in voller Höhe absetzen können. Das ist doch besser, als unsere Staatsbürger finanziell an den Rand des Ruins zu bringen und mit dem Argument sinkender Geburtenzahlen immer mehr Ausländer ins Land zu holen.

Mölzer: In anderen Bereichen haben wir schon angesprochen, daß sozialer Frieden wohl nur durch einen gewissen allgemeinen Wohlstand zu sichern ist. Jetzt wissen wir aber, daß gerade unser Sozialsystem Kreiskyscher Prägung mehr als nur Probleme hat, sich zu erhalten. Wo ist die Lösung, wie kann man das System – von der Gesundheit über Sozialhilfen bis hin zu den Pensionen – sichern?

Sozialsystem als Problemkind Nr. 1

Strache: Wesentlich ist vor allem, daß man nicht länger auf die Zuwanderungslüge hineinfällt. Österreich muß sich entscheiden: Wollen wir ein Sozialstaat sein oder wollen wir Einwanderungsland sein? Beides ist gleichzeitig nicht umsetzbar.

Vor allem SPÖ und Grüne sprechen sich für eine verstärkte Zuwanderung aus, um das Problem der langfristigen Unfinanzierbarkeit des Pensionssystems zu lösen. Daraus ergibt sich ein gefährlicher Trugschluß, der auf einer nicht nachvollziehbaren Fehlkalkulation basiert und das weit unterdurchschnittliche Wertschöpfungspotential der Zuwanderer völlig unberücksichtigt läßt.

Faktum ist, daß ein hoher Anteil der heute in Österreich lebenden Zuwanderer entweder gar nicht berufstätig ist oder diese Zuwanderer aufgrund ihres in der Regel unterdurchschnittlichen Bildungsniveaus überproportional von Arbeitslosigkeit betroffen sind. Dies hat zur Folge, daß die Zuwanderer, denen in Österreich auf Anspruch Sozialleistung gewährt wird, aufgrund ihrer geringen Produktivität das Sozialsystem überdurchschnittlich stark belasten.

Damit Zuwanderer das Staatswesen tatsächlich entlasten können, müßten ihnen temporär Sozialleistungen des Staates verwehrt und sie darüber hinaus in eine private Pflichtversicherung zugeführt werden.

Als in den siebziger Jahren die ersten Gastarbeiterströme einsetzten, wobei man sich über die anschließende Rückkehr der vorübergehend benötigten Arbeitskräfte in ihre angestammte Heimat einig war, hatte man es verabsäumt, gleichzeitig eine eigene Sozialversicherung zu schaffen, die speziell für diesen temporären Aufenthalt konzipiert werden sollte. Dieses Versäumnis – wie ich es schon vorher erwähnte – gilt es nun umgehend nachzuholen.

Um eine weitere Belastung unseres Sozialsystems aufgrund von Masseneinwanderung zu verhindern, die es Wirtschaftsflüchtlingen bereits innerhalb kurzer Zeit ermöglicht, in die soziale Hängematte zu fallen und von dem zu zehren, was ganze Generationen hierzulande mühsam erarbeitet haben, fordere ich, daß sich Gastarbeiter gemäß einem für ihren vorübergehenden Aufenthalt maßgeschneiderten Modell privat zu versichern haben bzw. daß

eine eigens zu schaffende Gastarbeitersozialversicherung
ohne Fehlbetragsausgleich durch die öffentliche Hand ein-
zurichten ist.

Für mich ist jedenfalls klar, daß unser Sozialstaat nur
dann Zukunft hat, wenn wir den Mut zu einem Einwan-
derungsstop haben. Und da ist die FPÖ die einzige Partei,
die dafür gerade steht.

Geißel „atypische Beschäftigungsverhältnisse"

Unser Sozialstaat ist außerdem gefordert, eine Antwort
auf die steigende Zahl von atypischen Beschäftigungsverhältnissen zu finden.

In den neunziger Jahren des vorigen Jahrhunderts kam
die Idee der atypischen Beschäftigungsverhältnisse – wie
etwa freie Dienstverträge, geringfügige Beschäftigung
oder Werkverträge – in Mode. Diese durchaus adäquate
Methode der Arbeitsflexibilisierung wurde auch von der
FPÖ begrüßt. Ich bekenne mich jedoch im Rahmen einer
gesamtwirtschaftlichen und sozialen Verantwortung zu
einer Adaptierung dieses Modells aufgrund einer immer
häufiger anzutreffenden Entartung des Systems. War es
früher noch so, daß viele Arbeitnehmer einen Vorteil für
sich sahen, wird das System der atypischen Beschäftigun-
gen immer mehr zum kostensparenden Spielball des glo-
balisierten Großunternehmertums.

Vor allem die sozialen Folgen sind verheerend. Während sich eine geringe Anzahl von Unternehmungen
Kosten in Millionenhöhe, insbesondere im Bereich der
Sozialversicherung, erspart und von den politisch Verantwortlichen eine höhere Anzahl von Beschäftigung vorge-
täuscht wird, ist es abermals die Arbeitnehmerschaft, die
unter den Bedingungen zu leiden hat. Wochenendarbeit,
Freizeit im Schicht- und Blockbetrieb, unsichere Arbeits-

plätze ohne genügende soziale Absicherung und keinerlei gewerkschaftlich organisierte Vertretung. Derzeit sind es etwa eine Million Arbeitnehmer, die den Dienst in atypischen Beschäftigungsverhältnissen verrichten. Die FPÖ als die zurzeit einzige ernstzunehmende Vertretung dieser Gruppe fordert deshalb die Einführung einheitlicher arbeitsrechtlicher Regelungen für alle Arbeitnehmer, was einer Aufwertung der Rechte von atypisch Beschäftigter gleichkommt.

Nutzlose Arbeitsmarktverwaltung

Und was Österreich auch dringend braucht, ist eine aktive Arbeitsmarktpolitik. Derzeit werden die Arbeitslosen vom AMS um viel Geld lediglich verwaltet.

Das AMS sollte sich entgegen der momentanen Praxis ausschließlich mit der Vermittlung von österreichischen Arbeitskräften befassen. Soziale Schutz- und Beschäftigungsförderungsmaßnahmen sollen gezielt den wirklich Bedürftigen zugute kommen und idealerweise auf den künftigen Bedarf am Arbeitsmarkt abstellen und vorbereiten. Die Mittel für die Masse wenig nützlicher und unzusammenhängender Schulungen, die vom AMS zur statistischen Beschönigung der Arbeitslosenquote alltäglich veranstaltet werden, sind zugunsten des Erwerbs konzentrierter, aber verwertbarer Kenntnisse in nachgefragten Bereichen umzuverteilen. Durch diese Restrukturierung soll die Dienstleistungsfunktion des AMS für den Steuerzahler wieder verstärkt unter Beweis gestellt und evaluiert werden.

Gesundheitswesen

Eine weitere wichtige Maßnahme ist eine weitere Zusammenlegung der Sozialversicherungen. Bayern hat bei annähernd gleicher Fläche wesentlich mehr Einwohner als Österreich. Trotzdem schafft es der Freistaat, mit einer einzigen Sozialversicherung auszukommen. Das sollte auch in Österreich möglich sein.

Und was den Gesundheitsbereich angeht, so gibt es auch hier durch die Zuwanderung und durch Asylwerber eine hohe Belastung. Ausländer tragen in der Regel nur zu einem eher geringen Teil zur Erhaltung des Gesundheitssystems bei, sind jedoch Spitzenreiter bei der Inanspruchnahme von gesundheitsspezifischen Leistungen.

Ich sehe nicht ein, warum Asylwerber eine e-card auf unsere Kosten erhalten und etwa mit Hörgeräten und Zahnersätzen versorgt werden. Wie gesagt, ich spreche von Aslywerbern und nicht von anerkannten Flüchtlingen.

Eine enorme Herausforderung für die Zukunft ist jedenfalls die staatliche Sicherstellung einer menschenwürdigen und hochwertigen Pflege für betagte Menschen der Aufbaugeneration.

Pfusch im Pflegebereich

In Österreich arbeiten, teils illegal, überproportional viele ausländische Arbeitskräfte im Pflegebereich. Die Sozialökonomische Forschungsstelle schätzt die Zahl der illegalen Pfleger in Österreich auf 20.000. Pflegebedürftige Personen bezahlen derzeit offiziell rund 40 bis 50 Euro für eine Pflegestunde, eine Summe, für die man einen „schwarz"-arbeitenden Pfleger bereits einen ganzen Tag anstellen kann. Die Schwarzarbeiter, meist handelt es sich um Frauen, sind natürlich nicht sozialversichert.

Es ist daher notwendig, daß das AMS Umschulungen vor allem für den Pflegebereich durchführt. Ich bin außerdem dafür, für Frauen die Möglichkeit eines freiwilligen Zivildienstes zu schaffen.

Frauen-Zivildienst

Der Zivildienst ist zweifellos eine gute Grundausbildung für den Pflegebereich. Viele junge Frauen hätten Interesse an einem Zivildienst, der ihnen aber im Gegensatz zum Wehrdienst versagt bleibt. Frauen, die sich im Rahmen eines Zivildienstes freiwillig dem Pflegebereich widmen, sollen die Möglichkeit erhalten, in Pflegeeinrichtungen der öffentlichen Hand bevorzugt eine Dauerstellung zu bekommen und sind daher bei ihrer Bewerbung aufgrund ihrer Erfahrungen privilegiert zu behandeln. Wenn sich die Absolventinnen für eine weiterführende soziale oder medizinische Ausbildung entscheiden, könnte eine Befreiung von der Studiengebühr für den Zeitraum der Mindeststudiendauer als Anreiz dienen.

Der freiwillige Zivildienst für Frauen bringt nur Gewinner. Es profitieren die Frauen selbst, es profitieren die sozialen Einrichtungen, es profitiert der belastete Arbeitsmarkt, weil der Pflegebereich durch immer mehr ausländische Arbeitskräfte abgedeckt wird und es profitieren vor allem jene Menschen, die Pflege benötigen.

Senioren-Problematik

Mölzer: Wie siehst Du denn die Frage der Altenpflege?

Strache: Ein wichtiger Punkt ist für mich, daß unser Sozialsystem auf die Bedürfnisse von Senioren Rücksicht zu nehmen hat. Bisherige Regierungen haben Senioren nur allzu deutlich als Bittsteller behandelt, welche der werktätigen Gesellschaft hohe Kosten verursachen. Im Rahmen einer Salamitaktik wurden Pensionen in der Vergangenheit eingefroren und die Zuschüsse des Staates zur Pensionsversicherung möglichst gering gehalten.

Vergleicht man jedoch die Zuschüsse des Staates an die Pensionisten nach dem ASVG, dem die Masse der Pensionsbezieher unterliegt, mit den Zahlungen an Pensionen aus dem öffentlichen Bereich, so ist nachvollziehbar, daß jede weitere Kürzung oder sonstige Schlechterstellung von Pensionen nach ASVG auch hinsichtlich der Nachfragewirksamkeit von als Pensionen ausbezahlten Transferleistungen strikt abzulehnen ist. Eine Harmonisierung der Pensionssysteme auf dem Niveau des ASVG ist unbedingt erforderlich und angesichts der nötigen langen Übergangsfristen zumindest einzuleiten. Auch die Kindererziehungszeiten sind viel stärker als bisher zu berücksichtigen.

Grundsätzlich ist auf Basis der uns heute bekannten Rahmenbedingungen anzustreben, daß der herrschende Grundsatz, nach 45 Arbeitsjahren ohne Abschläge in Pension gehen zu können, auch weiterhin aufrecht erhalten bleibt.

5.
Leitkultur, Muttersprache und Identität

Mölzer: Mindestens genauso, wenn nicht noch viel stärker als das Bildungswesen, ist auch der große Bereich der Kultur von linken Meinungen, von linken Ideologien geprägt. Wie sieht denn Heinz-Christian Strache dieses weite Feld?

Strache: Die nihilistischen Philosophien, die als Ursprung der Postmoderne gesehen werden können, haben die Grundlage dafür geschaffen, daß sich Europa zu sehr über die Märkte und den übermäßigen Materialismus entwickelt hat. Dies führte zu einer Überflußgesellschaft und einer inneren Haltung des Pessimismus'.

Nach dem Ende des Zweiten Weltkrieges haben die neomarxistischen Ideologien wie etwa die Frankfurter Schule, mit den Weltbildern von Adorno, Habermas, Horkheimer

176

und Marcuse, aber auch die sogenannte 68er-Revolution die Zerstörung unserer geistigen Errungenschaften betrieben.

Werte, wie etwa Religion, Familie, Tradition, Kunst und Kultur sollten geopfert werden, um deren politische Visionen durchzusetzen. In den letzten Jahrzehnten ist diese Strategie als Zeitgeistströmung in der Gesellschaft teilweise zur traurigen Realität geworden. Es nagt etwas von innen her am eigenen Selbstverständnis.

Europa muß sich wieder auf seine ursprünglichen Stärken besinnen. Und zwar auf Sinn und Seele – deswegen stehe ich für eine spirituelle und kulturelle Erneuerung, auf daß dieses Europa seine Identität und sein Selbstbewußtsein behält.

Mölzer: Braucht man in Österreich und im deutschen Sprachraum so etwas wie eine Diskussion über eine Leitkultur? In welche Richtung sollte denn so eine Diskussion geführt werden?

Braucht man eine Leitkultur?

Strache: Ja, selbstverständlich! Diese Diskussion ist von eminenter Bedeutung, denn das Gewissensthema unserer Epoche ist die Bewahrung unserer Identität. Es gilt, die geistigen Grundlagen des Abendlandes hochzuhalten und zu verteidigen. Europa sei auf drei Hügeln aufgebaut, sagte einmal der deutsche Bundespräsident Theodor Heuss: auf der Akropolis, dem Capitol und Golgatha. Gemeint war damit das Ineinanderwirken von klassischer griechischer Philosophie, römischem Staats- und Rechtsdenken und christlicher Heilsbotschaft, die Liebe als höchsten Wert sieht. Als Fortsetzung der Idee der Aufklärung, die dem Freiheitsstreben in Europa das Tor geöffnet hat, könnte noch die Wartburg als viertes Rad am europäischen Wagen hinzugefügt werden. Diese vier Komponenten haben in unserer Kultur das Bild vom Menschen und seiner Würde geprägt und damit die Grundlage aller Menschenrechte gelegt. Diese Werte gilt es aufrechtzuerhalten, denn sie führen zu einem Leben in Freiheit und Frieden, zu Demokratie, der Trennung von Staat und Kirche, zu Meinungsfreiheit, zu Gleichwertigkeit von Mann und Frau, zu hoher sozialer Gerechtigkeit und nicht zuletzt zu materiellem Wohlstand. Unsere deutsche Kultur hat einen bedeutenden Beitrag zu dieser geistig-kulturellen Identität Europas geleistet. Mit unseren großen Philosophen, wie etwa Kant, Hegel, Schleiermacher, Fichte und Schopenhauer, unseren großen Dichtern, wie etwa Goethe, Schiller und Grillparzer und unseren großen Musikern, wie etwa Bach, Mozart, Beethoven und Wagner haben wir das Wesen Europas entscheidend geprägt.

Mölzer: Kultur ist bekanntlich ein weites Feld. Da gibt es einmal die zahlreichen Bereiche der bildenden Künste, der darstellenden Künste – Theater, Oper und vieles mehr. Darüber hinaus zählt aber eben auch Bildung indirekt zur Kultur eines Landes, Volkskultur und Brauchtum haben in Österreich ebenso einen hohen Stellenwert. Ist es gut, daß es in Österreich derzeit kein eigenes Kulturministerium gibt?

Kulturpolitik ohne Parteibrille

Strache: Österreich ist ein Kunst- und Kulturland ersten Ranges. Deshalb muß die Kulturpolitik einen hohen Stellenwert innehaben. Die kulturelle Vielfalt und der kulturelle Reichtum müssen auch in Zukunft gewährleistet sein. Ein Kunstministerium darf kein ideologisches Machtinstrument von politischen Parteien darstellen, die auf dieser Schiene ihre Ideologien umzusetzen versuchen, wie das etwa in Wien seit vielen Jahrzehnten der Fall ist. Viele der großen kulturellen Institutionen, so etwa die großen Theaterhäuser in Wien, haben die Auswirkungen bitter zu spüren bekommen. Die Frage ist nicht so sehr, ob es ein Kulturministerium geben soll oder nicht, sondern ob die Person, die die Verantwortung dafür trägt, bereit ist, abseits der parteipolitischen Brille die bestmöglichen Rahmenbedingungen für die Kulturschaffenden zu bieten. Gerade in Österreich ist so eine Funktion von großer Bedeutung, da man sich dieses hohen kulturellen Erbes bewußt sein muß, um es den nachfolgenden Generationen unzerstört weiterzugeben.

Mölzer: Vor allem die Sprache und deren Pflege sollte ein zentrales Element von Kulturpolitik sein. Wie wichtig ist Dir dieses Feld?

Mehr Deutschstunden

Strache: Neben der Religion zählt die Sprache wohl zum bedeutendsten Kulturgut. „Die Sprache ist der Spiegel einer Nation. Wenn wir in diesen Spiegel schauen, dann kommt uns ein treffliches Bild von uns selbst entgegen." (Friedrich Schiller)

Deswegen ist in der Kulturpolitik darauf zu achten, daß der Reichtum der Sprache erhalten bleibt. Es ist trostlos, mit ansehen zu müssen, wie in allen Bereichen unseres Lebens Anglizismen eindringen und sich in unserem eigenen Sprachgebrauch breit machen. Deswegen muß eine erfolgreiche Kulturpolitik alles unternehmen, um gegen einen verarmten Wortschatz, abnehmende Lesekompetenz und steigenden Analphabetismus vorzugehen. Dazu gehören die Pflege der Sprache in der Schule sowie das Zusammenwirken von Theater und Schulen. Deswegen verlangen wir Freiheitlichen auch eine Aufstockung der Deutschstunden in den Schulen sowie einen Rhetorikunterricht. Auch ist zu überlegen, endlich an den Schulen die darstellende Kunst, wie etwa Schultheateraufführungen verstärkt zu fordern und zu fördern.

Mölzer: Kommen wir zu einem etwas expliziteren Bereich der Kultur: Neben oben erwähnten Bereichen ist natürlich auch die Städte- und Landschaftsplanung ein wichtiger Teil österreichischer Kultur, in dem allerdings sehr viel schiefläuft und der mannigfaltige Bedürfnisse zu Verbesserung beinhaltet. Wo muß man denn Deiner Meinung nach seitens der Politik regulierend in diesen Bereich eingreifen?

Strache: Landschaftspflege sowie Stadtbildpflege sind wesentliche Aspekte der Politik. Gerade in Wien haben wir in den vergangenen Jahren erleben müssen, wie übereifrige Politiker, die einzig vom Profitdenken geleitet waren, mit Irrsinnsprojekten das Stadtbild massiv gefährdet haben. Das Bahnhofsprojekt „Wien-Mitte" gilt heute als Symbol dafür, wie oftmals von verantwortungslosen Politikern vorgegangen wird.

Mölzer: Wie stehst Du überhaupt zur Förderung von echter und angeblicher Kunst aus öffentlichen Mitteln?

Förderung nicht nur für Schickeria

Strache: Ich persönlich werde als Politiker nicht den Fehler machen, zwischen echter und angeblicher Kunst zu entscheiden. Allerdings kann man sich sehr wohl gegen den Mißbrauch der „Freiheit der Kunst" aussprechen. Unsere Werte sind auf Grund- und Freiheitsrechten aufgebaut. Dazu zählen neben der Meinungsfreiheit auch die unter das Recht „Freiheit der Kunst" einzuordnende Gestaltungs- und Ausdrucksfreiheit. Anstatt sie jedoch schöpferisch zu nützen, mißbrauchen heute manche Autoren, Regisseure, Kunst- und Kulturschaffende die Freiheit der Kunst, um sittliche und religiöse Werte zu zerstören.

Die blasphemische Einbeziehung von Kruzifixen in die Blutorgien eines Nitsch ist längst kein Tabu mehr, sondern wird mit Auszeichnungen belohnt. Oder der dereinst geachtete Musentempel, das Burgtheater, ist heute als Schlachthof, als Bordell, als Müllhalde zu einem Schock- und Ekeletablissement verkommen. Statt Schiller, Goethe oder Grillparzer authentisch auf die Bühne zu bekommen, läßt man heute Nitsch, Jelinek und Schlingensief auf Teufel komm rauf schlachten, urinieren und koitieren.

Ich stehe dazu, daß staatliche Mittel für Kunst- und Kulturförderung ausgegeben werden. Es darf jedoch nicht sein, daß das Publikum, das schließlich diese Gelder zur Verfügung stellt, am Schluß verzweifelt und ratlos zurückbleibt, da es mit vielen „Kunstprodukten" nichts anzufangen weiß. Eine über Jahrzehnte hinweg von politischen Parteien gehätschelte Kunstclique schanzt sich untereinander Gelder, Posten und Preise zu. Es gibt daneben eine Fülle von Künstlern, die sehr oft die Wünsche und Sehnsüchte der Menschen durchaus besser befriedigen, die jedoch niemals in den Genuß von Subventionen kommen. Eine gute Kulturpolitik hat darauf zu achten, eine Vielfalt, die alle Bedürfnisse abdeckt, mit Subventionen zu versorgen.

Kultur als Grundwert

Mölzer: Wohin wird unser Land, unsere Kultur, aber auch unsere Sprache gehen, wenn es nach Deinem Willen, nach dem Willen der Freiheitlichen gehen könnte?

Strache: Es ist wichtig, sich auf die geistigen Errungenschaften unserer Kultur zu besinnen. Zu allererst gilt es, unsere Selbstachtung und unser Selbstwertgefühl zu stärken, und im wahrsten Sinne des Wortes zu kultivieren. Dazu gehört, daß wir unser Volk, unser Land und unsere Sprache achten. Muttersprache und Vaterland sind Begriffe – Werte – die uns verbinden. Deshalb ist es eine der wichtigsten Aufgaben, unsere Identität wieder zu beleben, um unsere Kultur an zukünftige Generationen weitergeben zu können. Je überzeugender wir unsere Grundwerte hochhalten und diese vor allem auch selbst leben, desto besser sind wir gewappnet, die wichtigen Pläne und Aufgaben der Zukunft zu meistern

6.
Für Meinungsfreiheit – gegen Medien-Diktatur

Mölzer: Wie sollte denn Deiner Meinung nach eine freiheitliche Medienpolitik besonders hinsichtlich des öffentlich-rechtlichen ORF aussehen? Die FPÖ war zwar ab dem Jahr 2000 in der Regierung – man hat es aber damals nicht geschafft, entscheidende Personal-Weichen zu stellen, um die rot-schwarze Übermacht am Küniglberg zu schwächen.

Strache: Vermutlich wollte man es gar nicht schaffen … Faktum ist, daß der ORF als öffentlich-rechtliches Konstrukt seine Daseinsberechtigung gehabt hat. Ob allerdings im Jahr 2006 dieselben Vorraussetzungen wie in den sechziger, siebziger und achtziger Jahren bestehen, steht auf einem anderen Blatt. Die politische Besetzung des ORF ist mit Sicherheit der Objektivität nicht förderlich.

Früher war der ORF so SP-lastig, daß er im Volksmund nur „Rotfunk" hieß, heute versucht die VP-Spitze eine schwarze Umfärbelung. Und nicht zu vergessen sind die zu allen Zeiten emsig werkenden Grünen in der zweiten Reihe, die ihre Politiker bestens bedienen. Bei den Grünen passiert das viel subtiler als bei Rot und Schwarz, und so fällt dem Durchschnittskonsumenten auch nichts auf, wenn beispielsweise zur Problematik der Inntalautobahn der an sich völlig deplazierte grüne Spitzenkandidat für die bevorstehende oberösterreichische Landtagswahl ausgiebig zu Wort kommt. Die Parteien müssen endlich begreifen, daß es nicht darum geht, im ORF um politische Marktanteile zu kämpfen, sondern ihn endlich zu entpolitisieren.

Eine Zerschlagung und Liberalisierung ist also genauso denkbar und diskutabel wie ein Verkauf. Österreich leistet sich heute einen Januskopf, ein Riesengebilde, das sich noch dazu in jedem Bundesland eine eigene Expositur leistet. Das ist völlig unnötig und kostet Unsummen.

ORF verschlüsselt senden

Ein österreichischer Haushalt kann heute mittels Satelliten rund 100–150 Programme empfangen. Viele davon sind verschlüsselt und müssen bei Bedarf extra bezahlt werden. Wir wissen heute, daß der Terrestrik immer weniger Bedeutung zukommt, während Kabel- und Satelliten-TV am Vormarsch sind. Auch wird die Umstellung von analog-TV auf digital-TV völlig neue Möglichkeiten für die Privatanbieter bringen. Ein Weg wäre z.B. auch, den ORF verschlüsselt zu senden. Jeder, der möchte, kann dann dafür bezahlen – der Rest der Bevölkerung würde dann nicht mit der anachronistischen ORF-Gebühr belastet werden.

Mölzer: Medien – egal ob Print, TV, Radio oder Internet – leiden in ihrer Glaubwürdigkeit vor allem unter einer fast schon gespenstischen Gleichschaltung. Wie könnte man diesem Umstand entgegenwirken?

Strache: Diese Gleichschaltung hat sich leider in den vergangenen Jahren immer offensichtlicher gebildet. Im

Radio gibt es heute pro Bundesland zwischen 5 bis 15 Radiosender, die größtenteils dasselbe Programm haben, die Fernsehberichterstattung ist ebenfalls gleichgeschaltet – am Printsektor ist diese Gleichschaltung jedoch am deutlichsten zu erkennen. Das gilt auch für nach außen hin völlig unpolitische und „unabhängige" Periodika. Der von mir eingangs erwähnte Prof. Brunner, bei dem ich die Geschichte-Einführungsvorlesung absolvierte, brachte es einmal auf den Punkt: „Wenn ein Zeitungsmacher sagt, sein Blatt sei unabhängig, so muß man ihn sofort fragen ‚Unabhängig von wem?'". Am Printsektor sind echte Privatinitiativen oftmals mit viel Engagement bereits vom Anfang an zum Scheitern verurteilt. Ein besonderes Problem am heimischen Printsektor ist die Tatsache, daß rechte Publikationen nahezu überhaupt nicht zu finden sind. Alle rechten Zeitungsprojekte haben sich über kurz oder lang als Totgeburten herausgestellt, die ohne finanzielle Unterstützung zumeist ein trauriges Dasein fristeten. Ich weigere mich jedoch, zur Kenntnis zu nehmen, daß es offenbar keine rechten intellektuellen Journalisten in diesem Land gibt. Ziel sollte es sein, eine rechte Zeitung an den Kiosk zu bekommen, die abseits der typischen Berichterstattung auch gesellschaftspolitischen Diskussionsstoff bietet.

Mölzer: Bekanntlich gibt es – ähnlich wie im Bereich der Pädagogen – unter Journalisten so etwas wie eine Hegemonie linker Weltbilder – auch ein Umstand, der zu einseitiger Berichterstattung führt. Wie kann man dem begegnen? Nur ein Appell an die Objektivität wird wohl nicht ausreichend sein…

„Rechte Zeitungen"

Strache: Natürlich nicht, daher wäre es ja so wichtig, ernsthaften Journalismus von der rechten Seite aus zu betreiben. Nur leider bleiben zumeist die Versuche bereits im Ansatz stecken. In der Bundesrepublik etwa gibt es durchaus rechtskonservative Zeitungen, die gesellschaftlich anerkannt sind. Für eine Tageszeitung wie etwa „Die Welt" ist unser Markt jedoch zu klein. Ganz allgemein ist der Printsektor in Österreich unterentwickelt.

Mölzer: Der ORF und seine diversen Sender, ob Radio oder TV, haben eigentlich einen klaren Bildungsauftrag, der aber nur mäßig erfüllt wird. Sollte man vermehrt auf die Erfüllung pochen oder überhaupt für eine Abschaffung des öffentlich-rechtlichen Rundfunks kämpfen?

Strache: Ich habe diese Antwort bereits erörtert. Der öffentlich-rechtliche Rundfunk in Österreich ist ein Relikt aus dem vorigen Jahrhundert. Auch die anachronistische Gebührenhoheit und das „Burgdenken" des ORF sind Zeichen dafür, daß dringender Reformbedarf besteht. Dabei gibt es neben der Zerschlagung und dem Verkauf auch noch andere Möglichkeiten. So wäre es z. B. auch denkbar, daß nur ein Sender völlig liberalisiert und verkauft wird und ein zweiter für die Aufgaben des öffentlich-rechtlichen Rundfunks verwendet wird.

Mölzer: Wir haben schon beim Themenkreis „Kultur" über den Erhalt der deutschen Sprache gesprochen. Eine Möglichkeit wären Quoten für deutsche Musik im Radio. Hältst Du das für sinnvoll oder ist das durch die neue „Neue Deutsche Welle", die derzeit glücklicherweise unsere Popkultur überflutet, für obsolet?

Gesetz zum Schutz der deutschen Sprache

Strache: Ich halte das für unnötig, da sich Geschmack und Interesse in einer freien Gesellschaft nicht durch Reglement definieren sollte. Es ist erfreulich, daß die Jugend- und Subkultur auch die deutsche Sprache für ihr expressives Schaffen entdeckt hat. Prinzipiell sollte die Kultur von solchen Regelungen ausgeschlossen werden. Vielmehr wäre es sinnvoll, daß gerade beim ORF als öffentlich-rechtlichen Sender – vermehrt Augenmerk auf die Verwendung der deutschen Sprache gelegt wird. Weder „prime-time" noch „blockbuster" sind Ausdrücke besonderer Modernität oder Intellektualität, sondern zeigen nur die Beschränktheit der Programmacher in ihrer Ausdrucksform. Hier gilt es, meiner Meinung nach, anzusetzen. Loi Toubon hat es als Kulturminister mit seinem Toubon-Gesetz im Jahr 1994 vorgezeigt, und ich denke, daß auch Österreich ein Gesetz zum Schutze der Sprache gut anstehen würde.

7.
Österreich bleibt frei –
außenpolitische Perspektiven

Mölzer: Kommen wir zu Deinen außenpolitischen Ansichten. Die FPÖ war immer eine Partei, die die Europäische Integration unterstützt hat, gleichzeitig aber auch immer diese Europäische Union kritisiert hat. Was sind die Alternativen zu dieser Union?

Kein Europa-Superstaat

Strache: Die FPÖ bekennt sich zu Europa, lehnt aber die EU in ihrer heutigen Form ab. In Wahrheit sind wir längst unterwegs in Richtung eines europäischen Superstaates nach US-amerikanischem Muster. Die beiden Referenden in Frankreich und in den Niederlanden haben eindrucksvoll gezeigt, daß die europäischen Völker einen solchen Kurs, mit dem man letztlich auch den gegenwärtig vorliegenden Verfassungsentwurf verbindet, ablehnen.

Den Menschen ist viel versprochen worden, aber nichts wurde gehalten. Der Euro ist quer durch Europa zum massiven Teuerungsfaktor geworden. Rechnet man aus den Warenkörben nur die lebensnotwendigen Bereiche heraus, also Nahrungsmittel, Medikamente, Wohnungskosten, liegen wir seit Einführung des Euro bei einer Teuerungsrate von fast 40 Prozent. Dies hat spürbar zu einer Verarmung der breiten Masse beigetragen.

Es braucht ein europäisches Gegenkonzept zur Globalisierung, insbesondere gegenüber den USA, gegenüber China, gegenüber der islamischen Welt und anderen Teilen der Dritten Welt.

Ein anderes Europa

Ich bekenne mich zu einem völlig anderen Europa. Zu einem, das im Inneren möglichst föderativ und dezentral organisiert ist, das die Vielfalt der Kulturen, Sprachen und Völker nicht nur bewahrt, sondern bewußt weiterentwickelt – also für ein Europa der sich ihrer Identität gewissen Völker und der miteinander verbündeten Nationalstaaten, ein Europa, das sich gegen falsch verstandenen Multikulturalismus, gegen Massenzuwanderung und gegen einen „melting pot" wendet.

Mölzer: Du forderst also die Schaffung eines Europas der freien und unabhängigen Nationen im Rahmen eines Staatenbundes souveräner Nationalstaaten …

Strache: Selbstverständlich! Nur das kann für die Vielfalt Europas ein taugliches Zukunftsmodell sein. Ein solcher Staatenbund soll eine mehrstufige Gliederung haben, wobei die Mitgliedsstaaten im Inneren größtmögliche Souveränität beibehalten müssen. In sicherheits- und machtpolitischer Hinsicht nach außen hin soll ein möglichst starkes gemeinsames Auftreten gewährleistet sein.

Renationalisierung Europas

Ich stehe für eine Renationalisierung Europas. Dies würde wieder die nationalen Parlamente und damit die Demokratie insgesamt stärken. Der europäische Staatenbund soll insbesondere der Verteidigung der europäischen Staaten und Bürger – nach außen und zur Bewahrung ihrer kulturellen Identität – dienen.

Mölzer: Wie stehst Du denn zur geplanten EU-Verfassung? Diese ist ja eigentlich schon gescheitert, zumal die beiden nationalen Referenden in Frankreich und den Niederlande negativ ausgegangen sind.

Strache: Aus meiner Sicht darf es diese europäische Superverfassung nicht geben. Diese würde die nationalen Parlamente ad absurdum führen sowie die Entscheidungsräume der Mitgliedstaaten auf ein Minimum reduzieren. Ich stehe für möglichst eigenständige, souveräne und starke Mitglieder eines gemeinsamen Hauses Europa.

Am alten Kontinent sind – ganz anders als in den USA – die Verfassungen der einzelnen Staaten geschichtlich gewachsen und sind der gespiegelte Ausdruck der jeweiligen Geschichte. Da kann man nicht einfach drüberfahren. Wer die Geschichte Europas leugnet, kann ihr auch keine Zukunft geben. Vorstellbar ist für mich hingegen ein Rechte- und Pflichtenkatalog für die Union und ihrer Mitgliedstaaten. Die souveränen Mitgliedstaaten müssen jedenfalls absoluten Vorrang vor dem Recht der Union haben.

Mölzer: Was kannst Du dem Begriff „Kerneuropa" abgewinnen?

Strache: Sehr viel. Wer zahlt, soll auch den Ton angeben. Die Bereitschaft der Nettozahler, weitere Erhöhungen der Beitragszahlungen hinzunehmen, ist nicht mehr vorhanden. Die kleine Gemeinschaft der Nettozahler finanziert dieses gigantische Erweiterungsprojekt und bringt damit die eigenen Sozial-, Gesundheits- und Pensionssysteme an die Belastungsgrenze.

Ja zu Kerneuropa

Die Nettozahler müssen meiner Ansicht nach aufgrund der erhöhten finanziellen und politischen Verantwortung auch ein stärkeres Mitspracherecht haben. Für dieses Kerneuropa ist eine Vertiefung der europäischen Integration bei absoluter Beibehaltung der nationalen Identitäten der betroffenen Völker sinnvoll. Dieser verstärkte politische Einfluß der Nettozahler könnte sich beispielsweise durch eine entsprechende Stimmengewichtung im Rat manifestieren.

Mölzer: Eines der weiteren großen Probleme dieser EU ist der geplante Beitritt der Türkei. Ist dieser noch zu verhindern?

Strache: Selbstverständlich! Ich bin in der Politik, um etwas zu verändern, statt es einfach hinzunehmen. Und ein Beitritt der Türkei zur EU kann für mich niemals akzeptabel sein! Selbst wenn jetzt dank Schüssel und Haider auch Österreich grünes Licht für Verhandlungen zwischen Brüssel und Ankara über einen Vollbeitritt gegeben hat, bedarf es immer noch der Ratifizierung eines etwaigen Beitrittsabkommens in den nationalen Parlamenten. Die FPÖ ist hier der einzige Garant für die Ablehnung.

Kein „Trojanisches Pferd" Türkei

Faktum ist: Die Türkei gehört geographisch und kulturell nicht zu Europa. Käme die Türkei zur EU, wäre schon bald das bevölkerungsreichste EU-Land ein islamisches! Was dies für Gemeinschaft, Gesellschaft und Rechtsentwicklung der EU bedeutet, ist für jeden, der sich nur etwas mit dem Islam beschäftigt hat, offensichtlich. Der

Halbmond ginge auf über dem Abendland. Libyens Präsident Muammar Gaddafi drückt es so aus: „Als Trojanisches Pferd" in Europa könnte die Türkei der islamischen Welt nützen.

Ich verstehe auch, daß die USA die Türkei als strategischen NATO-Außenposten braucht. Aber so weit kann es nicht gehen, daß es einen Kniefall Brüssels vor New York gibt, denn – um mit Giscard d'Estaing zu sprechen – „der Beitritt der Türkei wäre das Ende der EU".

Jede Staatengemeinschaft, welche sich verfestigen will, braucht als Klammer eine gemeinsame Identität und Wurzeln. Im europäischen Fall sind dies unzweifelhaft etwa der Humanismus und die Aufklärung, die Antike und das Christentum.

Es gibt also keinen vernünftigen Grund für die Aufnahme der Türkei zur Europäischen Union. Der türkische Ministerpräsident Erdogan hat einmal gesagt, daß der Beitritt zur EU den Prozeß des „Zusammenstoßes der Kulturen" umdrehen wird. Dieses Zitat läßt tiefer blicken als es seinem Verfasser wahrscheinlich lieb ist.

Nein zur Zweiten Osterweiterung

Mölzer: Hältst Du Kroatien für aufnahmewürdig?

Strache: Ja, aber nicht schon heute oder morgen! Wir haben noch nicht einmal den Schub der ersten EU-Osterweiterungsrunde verdaut. Österreich hat die höchste Arbeitslosigkeit seit dem Krieg! Die Übergangsbestimmungen bezüglich der Freizügigkeit von Arbeitnehmern sind völlig wertlos, da über die sogenannte „Scheinselbstständigkeit" aus den östlichen EU-Mitgliedsländern ein Massenzustrom von Arbeitskräften nach Österreich erfolgt. Ich bin gegen diesen völlig überhasteten Erweiterungsspuk.

Jetzt kommen auch noch Rumänien und Bulgarien

dazu. Österreich hat zu Beginn dieses Jahres seine Nettobeiträge nach Brüssel verdoppeln müssen. Unser hart erwirtschaftetes Steuergeld fließt nach Brüssel, ein gewaltiger Teil davon versickert im dortigen Korruptionssumpf, der Rest wird nach Osteuropa umverteilt, um dort auf unsere Kosten neue Konkurrenten aufzubauen. Das grenzt schon an Vaterlandsverrat!

Ich war gegen die erste Osterweiterungswelle, bin gegen die Aufnahme von Rumänien und Bulgarien zum jetzigen Zeitpunkt und gegen Kroatien in unmittelbarer Zukunft. Wenn diese Länder auf wirtschaftlicher Augenhöhe sind, spricht natürlich nichts dagegen. Zur Zeit ist dies aber nicht der Fall, auch nicht bei Kroatien.

Mölzer: Wie steht die FPÖ, wie stehst Du zum Thema Neutralität und NATO?

Ja zur Neutralität, Nein zur NATO

Strache: Die Österreicher bejahen die Neutralität mit einer überwältigenden Mehrheit. Auch bei den meisten Repräsentanten des Staates findet die Neutralität Zustimmung – hier aber in überwältigender Mehrheit als Lippenbekenntnis und zynisches Täuschungsmanöver. Einmal mehr schlägt sich hier die Verachtung der Machthaber für den Souverän nieder. Denn die Frage der Neutralität ist eine von Krieg und Frieden – für viele österreichische Berufssoldaten, und nicht nur für sie, eine Frage auf Leben und Tod.

Die Neutralität ist eine Absage an Kriegsbeteiligung, Stationierung ausländischer Truppen in Österreich und ein Bekenntnis zum friedliebenden Umgang mit anderen Staaten. Das ist Verfassungsrecht, ein Bestandteil der österreichischen Identität.

Die NATO ist für mich kein Thema. Ich habe zudem

eine tiefe, innere Abkehr, daß österreichische Soldaten nach der Pfeife der USA zu tanzen haben, die die NATO ja dominieren. Die veränderte geopolitische Lage in Europa macht eine unmittelbare militärische Bedrohung unwahrscheinlicher, schließt sie aber auch nicht aus. Eine europäische Sicherheits- und Verteidigungspolitik ist ein taugliches Konzept für die Zukunft, niemals aber unter der Dominanz der USA. Darüber hinaus bin ich für ein grundsätzliches Allianzverbot mit außereuropäischen Mächten.

Mölzer: Wie siehst Du das Verhältnis zwischen Europa und den USA? Ist dies eine Partnerschaft, die aufrecht erhalten werden soll, abgeschafft oder gar gestärkt werden sollte?

Distanz zu den USA

Strache: Ich bin durch und durch Europäer. Ein Freund von Kultur, Schöngeistigem, Geschichtsbewußtsein und Kultur. Das, was über den „Großen Teich" zu uns herüberschwappt, ist mit Sicherheit kein Vorteil für Europa: Fast food, Uniformismus, Kurzzeit-Trends, Cowboy-Mentalität. Unter George W. Bush sind die USA erst recht in ein schiefes Licht geraten. Sein Geheimdienst hat in den ehemaligen Ostblockländern Menschen foltern lassen. Weitere Stichworte: Irak-Krieg, Guantanamo, Abu Ghraib, Massaker im Irak wie zuletzt in Haditha, CIA-Überflüge – die Auswahl ist schließlich mehr als reichhaltig.

Die USA sind zudem Hauptbetreiber des türkischen EU-Beitritts. Die USA wären nämlich der Hauptprofiteur eines solchen Beitritts, der in Wahrheit nur den wirtschaftlichen und militärischen Interessen Amerikas nutzt. Bush ist der Protagonist eines neuen Kolonialismus' unter dem Zeichen des Sternenbanners.

Ganz allgemein wäre es für Österreich, aber auch für Europa, gut und wohltuend, Distanz zu dieser amerikanischen Cowboy-Regierung zu suchen,

Mölzer: Wie siehst Du denn unser Verhältnis zu Deutschland? Gerade die Fußball-WM hat wieder einmal deutlich gemacht, daß nicht alle Österreicher emotional besonders gut auf ihren großen Bruder zu sprechen sind …

Kein „Piefke-Frotzeln" mehr

Strache: Das sehe ich überhaupt nicht so! Auf der einen Seite wird bei uns zwar abschätzig über die „Piefke" gesprochen, auf der anderen Seite gibt es durch das Faktum, daß Österreich Teil der deutschen Volks- und Kulturgemeinschaft ist, ein festes und untrennbares Band zur Bundesrepublik. Faktum ist aber auch: Die Österreicher denken in rot-weiß-rot, und das ist auch gut so. Dieser Patriotismus wird besonders bei sportlichen Wettkämpfen, wie etwa einer Fußball-WM spürbar. Dennoch orte ich gerade im Zuge der Fußball-WM einen deutlichen Meinungsschwenk. Haben in der Vergangenheit auch die vermeintlichen Qualitätsjournalisten kein Klischee ausgelassen, um dem gelernten Österreicher den sogenannten „Lieblingsnachbar Deutschland" madig zu machen, hat es heuer erstmals auch positive Stimmen zu Deutschland in den österreichischen Medien geben. Der österreichische Volkssport „Piefke-Frotzeln" verliert schlagartig an Reiz, wenn unsere Nachbarn so sympathisch auftreten, wie diesmal bei der Fußball-WM. Ein Schritt hin zur Normalität und ein weiterer Schritt hin zu einem unverkrampften Verhältnis zwischen zwei Bruderstaaten, die mehr miteinander verbindet als die gemeinsame Sprache!

Österreich als Schutzmacht für Südtirol und in Rumänien?

Mölzer: Glaubst Du, daß Österreich als Schutzmacht für deutschspachige Minderheiten im osteuropäischen Raum, aber auch für die Südtiroler fungieren sollte?

Strache: Ja, obgleich diese Frage doch eher akademisch ist und kaum realpolitische Folgen haben wird. Ich wage zu behaupten, daß das Südtirolpaket bzw. die Südtirolautonomie nicht wegen der österreichischen Schutzmachtfunktion ausgehandelt werden konnte, sondern nur auf Grund der Südtiroler Freiheitskämpfer in den sechziger Jahren zustande kam. Interessant wird die Frage der Siebenbürger Sachsen und der Landler in Rumänien werden, da ja mit 1. Jänner 2007 Rumänien Teil der EU wird und dadurch die Möglichkeiten der Republik – den Altösterreichern vor Ort zu helfen – wesentlich erweitert würden. Vor dem Hintergrund der Stellung der österreichischen Bundesregierung zu den Sudetendeutschen sehe ich jedoch schwarz und glaube nicht, daß das österreichische Engagement besonders groß sein wird. Österreich hat schon in der Sudetenfrage bei den Benesch-Dekreten völlig versagt. Es gibt in dieser Republik einfach keinen offenen Zugang zu dieser Thematik. Seit dem Jahr 1945 möchte man mit allem, was nur im entferntesten deutsch ist, nichts zu tun haben. Das hängt vermutlich auch damit zusammen, daß die handelnden Akteure allesamt einer Generation entspringen, die mit diesen Dingen sehr verkrampft aufgewachsen sind. Ich bin im Jahr 1969 geboren und sehe die Dinge naturgemäß aus entsprechender Entfernung. Junge Politiker tun sich hier sicher leichter!

Österreich und die islamische Welt

Mölzer: Wie sollte denn das Verhältnis von Österreich im speziellen, von Europa im gesamten, zur islamischen Welt aussehen?

Strache: Ganz allgemein sehe ich mit der islamischen Welt die Gefahr eines „clash of civilizations". Auf der einen Seite ist eine Fundamentalisierung des Islams zu orten, mit dem auch die Terrorgefahr in Europa steigt. Auf der anderen Seite werden im Zuge der massiven Einwanderung von Moslems europäische Länder zunehmend als Missionsgebiet der aggressiven Moslems betrachtet. Der Bau von Moscheen wird vorangetrieben, genauso islamische Schulen, Geschäfte und Institutionen. Damit wird die islamische Einwanderergesellschaft weitgehend autark von der westlichen Gesellschaft.

Besonders kurios: In der Türkei, das ja in die EU drängt, werden Christen schwer benachteiligt, der Bau von Kirchen ist verboten. Bei uns in Österreich wird der Bau von Moscheen mit Steuergeld gefördert. Da läuft vieles falsch. In London beispielsweise wird jetzt mit den Mitteln der Europäischen Union der Bau der größten Moschee der Welt gefördert.

Ganz allgemein respektiere ich die traditionell freundschaftlichen Bande zu den arabischen und islamischen Staaten, die auf dem Prinzip der Gegenseitigkeit ausgebaut werden sollen. Die arabische und islamische Welt unterhält seit Generationen freundschaftliche Beziehungen zu Österreich. Die vielfältigen Kontakte auf den Gebieten der Politik, Wirtschaft und Kultur sind ausbaufähig. Dem aggressiven Zuwanderungs-Islam in Europa allerdings, und allen Erscheinungsformen des Islamismus stehe ich mit schärfster Ablehnung gegenüber.

Österreich und Rußland und China

Mölzer: ... und Asien und Rußland?

Strache: Rußland ist ein ausgesprochen wichtiger geostrategischer Partner. Aufgrund seiner europäisch geprägten Geschichte hat Rußland ein entscheidendes Gewicht bei der Gestaltung der Weltfriedensordnung. Eine verstärkte Kooperation mit Moskau ist aus meiner Sicht durchaus wünschenswert.

China ist wiederum ein eigenes Thema. Angesichts der massiven Überschwemmung Europas mit chinesischen Billigprodukten sollen die zollrechtlichen Begünstigungen für China wegfallen, genauso der Technologietransfer nach China. Europa muß sich endlich aktiv schützen. Die Produktionsstätten wandern von Europa nach China, gleichzeitig werden Arbeitsplätze bei uns vernichtet. Da bedarf es einer „Gegenpolitik" zu dieser fatalen Entwicklung. Ich kann mir da auch vorstellen, die Entwicklungshilfe und finanzielle Förderungen an China durch die EU und ihre Mitgliedsländer einzustellen, und zwar solange, bis auch in China die arbeitsrechtliche und steuerliche Situation jener der EU-Staaten gleichkommt, und auch das Lohnniveau weitgehend angeglichen ist.

Lebenslauf
Heinz-Christian Strache

Heinz-Christian Strache wurde am 12. Juni 1969 in Wien geboren. Seine Mutter Marion Strache, geborene Wild, Drogistin, hat ihren Sohn mit den Mühen einer Alleinerzieherin aufgezogen. Der Vater von Heinz-Christian Strache, Heinz Roland Strache, studierte an der Hochschule für Welthandel und war nebenbei Künstler.

Sein Großvater Dipl.-Ing. Günther Strache mußte am eigenen Leib das Elend des 2. Weltkrieges erfahren. Er fiel nach Kriegsende als Opfer eines feigen, mörderischen Anschlages. Zurück blieb dessen Frau und Großmutter von Heinz-Christian Strache, Frederike Strache, geborene Freismuth.

Am 2. Februar 2000 heiratet er seine Lebensgefährtin Daniela Strache und bekommt mit ihr zwei Kinder, Heidemarie und Tristan. Seit 2006 ist er geschieden.

Schulisch besuchte HC Strache von 1975 bis 1979 das Private Internat Neulandschule, 1100 Wien, von 1979 bis 1983 das Private Internat Strebersdorf/Schulbrüder und von 1983 bis 1984 die HAS WEISS.

1984 bis 1988 absolvierte er die Lehre als Zahntechniker.

Es folgen Dienst beim Bundesheer (VBK-Sanitäts- und Stationsgehilfenausbildung, Milizsoldat (Korporal)), Beginn der Studienberechtigungsprüfung für Geschichte und Philosophie. 1993 Unternehmensgründung (Dental Labor Strache Ges.m.b.H.).

Politisch geprägt durch seine Familie schließt er sich schon in frühen Jahren der FPÖ an. Bereits 1991 wird er mit gerade 21 Jahren jüngster Bezirksrat. 1993 wird er Bezirksobmann der FPÖ – Landstraße und ist abermals mit 23 Jahren der Jüngste in dieser Funktion. Mittlerweile auch Mitglied der Landesleitung gründet er die „Freie Bezirkszeitung Landstraße".

Aufgrund seiner jungen Jahre wird er 1996 Spitzenkandidat des Ringes Freiheitlicher Jugend (RFJ-Wien) und der Landstraßer FP für die Wiener Gemeinderatswahlen. Infolge dieser Wahl wird er mit 27 Jahren Landtagsabgeordneter und Gemeinderat, Mitglied der Landes- und Bundesleitung und ist damit jüngster männlicher Abgeordneter. 1996 setzt er seine politische Karriere als Mitglied des Sozial- und Gesundheitsausschusses sowie als Ersatzmitglied des Landessportrates im Wiener Landtag und Gemeinderat fort. 1997 wird er bereits Mitglied des Landesparteivorstandes der FPÖ – WIEN, Bundesvorstandsmitglied des Ringes Freiheitlicher Jugend (RFJ) und Geschäftsführender Landesobmann des Ringes Freiheitlicher Jugend – WIEN. 1998 wird ihm die Ehrenobmannschaft des Ringes Freiheitlicher Jugend – WIEN verliehen. Nationalratswahl 1999 – Landeswahlleiter für Wien.

Seit Jänner 2000 – Landessportrat der FPÖ – Wien

26. Februar 2000 – RFJ-Bundesjugendtag in Salzburg einstimmig zum Ehrenmitglied gewählt.

Seine sportlichen Intersssen liegen beim Judo, Tischtennis, Schach und Tennis. Er war Fußballeistungssportler beim

Wiener Sportklub (Jugend und Junioren) und feierte große Erfolge bei der Schülerliga (Strebersdorf).

Neben der Politik findet er Ausgleich durch seine Freizeitbeschäftigungen wie Geschichte, Philosophie, Schach, Snowboarden, Fußball, Tennis, Wildwasserpaddeln und Kung-Fu.

Lebenslauf

Andreas Mölzer

Persönliche Daten

- Geboren am 2. Dezember 1952, als Sohn von Sepp und Hermine Mölzer in Leoben, in der Steiermark.
- Volksschule in Trofaiach/Stmk. von 1959 bis 1963
- Gymnasium von 1963 bis 1971: BGA. Liebenau und BRG. Knittelfeld/Juni 1971 Matura in Knittelfeld
- 1971/72 Präsenzdienst beim österreichischen Bundesheer
- 1973 bis 1975 Studium der Rechtswissenschaften (Erste und Zweite Staatsprüfung), 1975 bis 1978 Studium der Geschichte und der Volkskunde an der Universität Graz
- 1978 bis 1980 Studienassistent am Institut für europäische und vergleichende Rechtsgeschichte sowie am Institut für österreichische Rechtsgeschichte
- Danach Tätigkeit als freiheitlicher Publizist
- 1984 bis 1990 Chefredakteur der Wochenzeitung „Kärntner Nachrichten"
- 1990 bis 1994 Vorsitzender der freiheitlichen Parteiakademie
- 1990 bis 1994 Kärntner Abgeordneter zum Bundesrat
- seit 1997 Mitherausgeber und Chefredakteur des konservativen Wochenblattes „Zur Zeit"

- mehrere Jahre ständiger Kolumnist der Tageszeitung „Die Presse"
- seit 1998 ständiger Kolumnist der Tageszeitung „Neue Kronen Zeitung"
- Autor von 12 Büchern zur österreichischen, mitteleuropäischen und deutschen Geschichte, zu Fragen des Regionalismus, sowie zur Identität Kärntens aber auch zur Geschichte des nationalliberalen Lagers und der freiheitlichen Partei (z.B.: „Bausteine Mitteleuropas" 1988, „Der Eisbrecher" 1989, „Und wo bleibt Österreich" 1990, „Kärntner Freiheit" 1990, „Der Graue" 1992, „Pro Pratria" 1993)
- Zahlreiche Beiträge in den verschiedensten Sammelbänden und Publikationen (z.B.: im „Politischen Jahrbuch der ÖVP", in Sammelbänden des ÖAAB Steiermark, sowie der SPÖ Steiermark, aber auch im Jahrbuch der niederösterreichischen Landesakademie)
- seit 20 Jahren Vortragender und Diskussionspartner bei zahlreichen Veranstaltungen, sowie auch Sendungen von Hörfunk und Fernsehen (wie etwa im ORF bei „Club 2", „Zur Sache", „ZiB 2" und „ZiB 3"
- seit 1990 Geschäftsführender Gesellschafter des „Instituts für Sozialpolitische Studien"/Edition K3, Verlags- und Beratungs-GesmbH; In dieser Funktion Erstellung sozialwissenschaftlicher und politisch-historischer Studien, Organisation von Seminaren, Durchführung von Umfragen etc.; Zuletzt, Produktion von Fernsehdokumentationen über die Verbrechen der Tito-Partisanen bei Kriegsende
- Seit 20. Juli 2004 Mitglied des Europäischen Parlaments
- Andreas Mölzer ist verheiratet und lebt als Vater von 5 Kindern in Annenheim am Kärntner Ossiacher See

Weitere Tätigkeiten

- Regelmäßig Gastkommentare in nahezu allen politischen Zeitschriften Österreichs, wie „Profil", „Format", „Falter", „Der Standard" etc.

- 1997 bis 2002 ständiger Kolumnist der Tageszeitung „Die Presse" (wöchentlich in der Rubrik „Quergeschrieben")

- Seit 1998 ständiger Kolumnist der „Neuen Kronenzeitung" seitdem an die 1.000 namentlich gezeichneten Kommentare und in der Kärntner Ausgabe Kolumnist (unter dem Pseudonym Noricus)

- 1990 bis 1995 Vorsitzender der freiheitlichen Parteiakademie

- 1991 bis 1994 Kärntner Abgeordneter zum Bundesrat

- 1999 bis 2002 Kulturbeauftragter des Landes Kärnten

- 1984 bis 1990 Chefredakteur der Wochenzeitung „Kärntner Nachrichten"

- Seit 1997 Chefredakteur der Wochenzeitung „Zur Zeit"

Heinz-Christian Strache und Andreas Mölzer bei einem ihrer Gespräche für das Buch „Neue Männer braucht das Land" im privaten Büro Mölzer in Annenheim, Kärnten.

Der Parteiobmann mit Ewald Stadler und Andreas Mölzer – auf Bundesvorstandsklausur auf Burg Hochosterwitz im August 2006 – am Sprung zum blauen Wunder bei der Nationalratswahl 2006

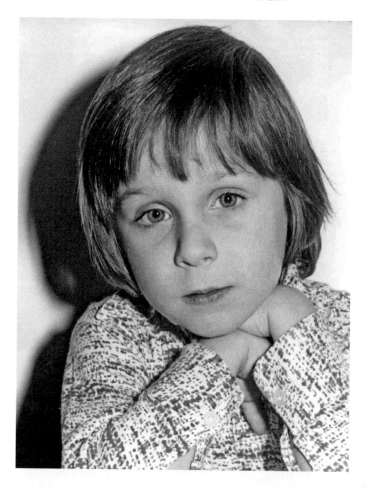

206

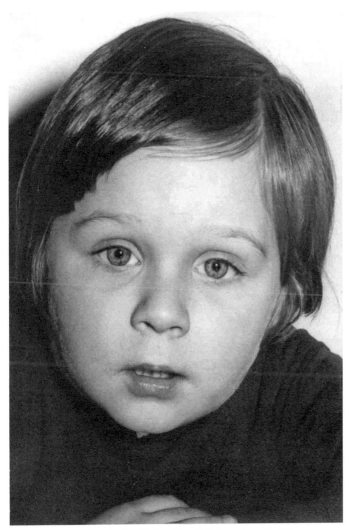

Heinz-Christian Strache im Kindesalter: Aufgewachsen in Wien – geprägt durch den frühen Internatsbesuch (links und oben)

Strache mit seiner Ex-Frau Daniela

Strache mit Tochter Heidrun

Bei der Taufe seiner Tochter

Liebender Familienvater – zuhause …

… wie im Urlaub …

... ob sommerlich ...

... oder im Winter

Als Tourist in Venedig

Mit der Familie selten in der Öffentlichkeit (im Bild mit Ewald Stadler und Assistentin Karin Schmutz, im Hintergrund rechts Daniela Strache)

213

Wenn auch geschieden, so sind doch die Kinder immer das wichtigste ...

216

Heinz-Christian Strache mit Sohn Tristan

Strache, der politische Mensch – im Bild mit damals „Noch-nicht"-Rivalen Jörg Haider

Der junge Wiener Landtagsabgeordnete Strache mit Susanne Riess-Passer und Jörg Haider

Strache im Gespräch mit Susanne Riess-Passer, daneben Förderer Hilmar Kabas

Strache und seine rechte Hand Karin Schmutz

Strache als Kapitän – derzeit der FPÖ, bald auch der Republik?

In den Farben seiner Studentenverbindung, der pennalen Burschenschaft Vandalia Wien

Hilmar Kabas – Vorgänger und gemeinsam mit Rainer Pawkowitz
ein Förderer von Strache (oben); Sprung von Jauntal-Brücke (unten)

Am Sprung zum Bundesobmann – Strache als Nach- und Vordenker...

Liebling der Medien ...

... und Frauenwelt

Im Kampf um die Stadt Wien – Strache als Wahlkämpfer …

… immer mit einem Ohr für die Sorgen der Menschen.

Mit den Mitstreitern Hans-Jörg Jenewein und Harald Vilimsky

Strache am Fiaker in Wien – er weiß, wo es langgeht